abc A2 DELF

David CLÉMENT-RODRÍGUEZ
Amélie LOMBARDINI

CLE INTERNATIONAL

Directrice de la production éditoriale : Béatrice Rego
Marketing : Thierry Lucas
Édition, recherche iconographique : Christine Delormeau
Conception couverture : Mizenpages
Réalisation couverture : Dagmar Stahringer / Griselda Agnes
Conception graphique : Mizenpages
Mise en pages : Christine Paquereau
Illustrations : Oscar Fernandez (Ferni) & Esteban Ratti
Enregistrements : Jean-Paul Palmyre, studio Quali'sons

Tous droits réservés. Toute reproduction, intégrale ou partielle, de ce livre, traitement informatique, diffusion sous quelque forme ou procédé que ce soit, (électronique, mécanique, photocopie et autres méthodes) sont interdites sauf consentement du titulaire du copyright.

© CLE International / SEJER, 2013

ISBN : 978-209-038172-6

Avant-propos

Le DELF (*Diplôme d'études en langue française*), sous sa forme actuelle, a été mis en place en 2005. On distingue les diplômes tous publics suivants : DELF A1, DELF A2, DELF B1, DELF B2, ainsi que les DALF (*Diplôme approfondi de langue française*) C1 et C2. Ces certifications du Ministère français de l'Éducation nationale sont harmonisées sur l'échelle à 6 niveaux du *Cadre européen commun de référence pour les langues* (CECRL).

L'examen du DELF est constitué d'épreuves orales et écrites, organisées sous forme d'activités de compréhension, de production et d'interaction. L'obtention de l'examen permet de valider le parcours d'apprentissage et atteste officiellement d'un niveau de connaissance acquis en langue française.

Le niveau A2 du CECRL correspond à un niveau élémentaire, généralement désigné comme niveau « intermédiaire ou de survie ». Le CECRL précise que « *l'apprenant peut comprendre des phrases isolées et des expressions fréquemment utilisées dans des domaines immédiats de priorité. Il peut communiquer lors de tâches simples et habituelles ne demandant qu'un échange d'informations simple et direct sur des sujets familiers et habituels. Il peut décrire avec des moyens simples sa formation, son environnement immédiat et évoquer des sujets qui correspondent à des besoins immédiats.* » (d'après l'échelle globale du CECRL, Conseil de l'Europe, Division des langues vivantes, p. 25).

Selon les recommandations du CECRL, le niveau A2 tous publics correspond à un enseignement de 180 à 200 heures. **ABC DELF A2** propose aux futurs candidats à l'examen DELF A2 de s'entraîner à partir de 200 activités et 3 épreuves types suivant les spécifications des épreuves de l'examen officiel.

Les activités proposées suivent l'approche actionnelle préconisée par le CECRL. En effet, elles mettent le candidat en situation (contextualisation des consignes) et l'impliquent directement (les questions s'adressent à lui personnellement).

Les activités de compréhension évaluent la capacité du futur candidat à comprendre des situations courantes dans des domaines familiers et un environnement quotidien. Les activités de production visent à évaluer la capacité du candidat à s'exprimer et à interagir auprès d'un interlocuteur francophone dans ce même contexte.

Dans cet ouvrage, l'entraînement aux quatre compétences est organisé de la même façon, en quatre temps :

• ***A comme... aborder*** permet au futur candidat de découvrir en quoi consiste l'épreuve. Des conseils lui sont également donnés afin de lui permettre de préparer l'examen de façon optimale.

• ***B comme... brancher*** propose au futur candidat de réaliser une ou deux activités pour se faire une première idée de l'objectif de l'épreuve.

• ***C comme... contrôler*** présente, pour les compétences de compréhension, un corrigé commenté qui aide le futur candidat à s'autoévaluer. Quant aux compétences de production, on trouve dans cette partie une analyse des grilles d'évaluation utilisées par l'examinateur-correcteur, des simulations de productions (en production écrite) et des indices pour réussir les situations (en production orale). Le futur candidat pourra aussi mieux comprendre ce qui est attendu pour ces épreuves.

• ***D comme... DELF*** constitue le point central de l'ouvrage, à savoir 200 activités, réparties entre les 4 compétences, dont la forme et le contenu suivent les exigences de l'examen officiel.

En fin d'ouvrage, **trois épreuves types**, ou *DELF blancs*, reprennent les quatre compétences et leurs exercices respectifs. Le futur candidat a ainsi la possibilité de se retrouver dans une situation authentique de passation de l'examen DELF A2.

Enfin, des « **Petits plus** » insistent sur quelques points de morphosyntaxe et de lexique devant être acquis au niveau A2.

Tous les corrigés de compréhension orale et écrite, ainsi que les transcriptions des pistes du CD, sont fournis avec le livre, dans un livret séparé.

L'application des recommandations du CECR et des exigences de l'examen officiel, ainsi que l'expérience de terrain des auteurs, devraient permettre au futur candidat de préparer l'examen dans des conditions optimales.

Bonne préparation et bonne réussite à l'examen !

Les auteurs

Diplôme d'études en langue française

DELF A2
(NIVEAU A2 DU CADRE EUROPÉEN COMMUN DE RÉFÉRENCE POUR LES LANGUES)

NATURE DES ÉPREUVES : A2	DURÉE	NOTE SUR
Compréhension de l'oral Réponse à des questionnaires de compréhension portant sur trois ou quatre courts documents enregistrés ayant trait à des situations de la vie quotidienne (deux écoutes). *Durée maximale des documents : 5 minutes.*	0 h 25 environ	/ 25
Compréhension des écrits Réponse à des questionnaires de compréhension portant sur trois ou quatre courts documents écrits ayant trait à des situations de la vie quotidienne.	0 h 30	/ 25
Production écrite Rédaction de deux brèves productions écrites (lettre amicale ou message) - décrire un événement ou des expériences personnelles - écrire pour inviter, remercier, s'excuser, demander, informer, féliciter…	0 h 45	/ 25

Production orale
Épreuve en trois parties :
  - entretien dirigé ;
  - échange d'informations ;
  - dialogue simulé.
	6 à 8 min
	préparation :
	10 min
		/ 25

Durée totale des épreuves collectives : 1 h 40.

> Note totale sur 100
> Seuil de réussite pour l'obtention du diplôme : 50 / 100
> Note minimale requise par épreuve : 5 / 25

Sommaire

Compréhension de l'ORAL

A comme... aborder la compréhension de l'oral 7
B comme... brancher 8
C comme... contrôler la compréhension de l'oral 9
D comme... DELF 11
- **I** Comprendre une annonce 11
- **II** Comprendre un message 22
- **III** Comprendre une émission à la radio 30
- **IV** Comprendre une discussion 40

Compréhension des ÉCRITS

A comme... aborder la compréhension des écrits 45
B comme... brancher 46
C comme... contrôler la compréhension des écrits 47
D comme... DELF 48
- **I** Comprendre des documents courts 48
- **II** Comprendre un message 60
- **III** Comprendre des instructions 73
- **IV** Comprendre un document informatif 85

Production ÉCRITE

A comme... aborder la production écrite 101
B comme... brancher 102
C comme... contrôler la production écrite 103
D comme... DELF 107
- **I** Raconter une expérience 107
- **II** Répondre à un message 120

Production ORALE

A comme... aborder la production orale 145
B comme... brancher 147
C comme... contrôler la production orale 148
D comme... DELF 151
- **I** Entretien dirigé 151
- **II** Monologue suivi 151
- **III** Exercice en interaction 154

Épreuves TYPES

Delf blanc 1 158
Delf blanc 2 167
Delf blanc 3 175

Les « Petits PLUS »

Grammaire 184
Vocabulaire 190

Compréhension de l'ORAL

A comme... aborder la compréhension de l'oral … 7
- Description de l'épreuve … 7
- Pour vous aider… … 7

B comme... brancher … 8
- Exemple d'une activité à réaliser … 8
- **I** Comprendre une annonce … 8
  - ACTIVITÉ 1 … 8

C comme... contrôler la compréhension de l'oral … 9
- Proposition de correction … 9
- **I** Comprendre une annonce … 9
  - ACTIVITÉ 1 … 9

D comme... DELF … 11
- **I** Comprendre une annonce … 11
  - **A. Dans les transports** … 11
    - ACTIVITÉS 2 à 6
  - **B. Dans un lieu public** … 16
    - ACTIVITÉS 7 à 13
- **II** Comprendre un message … 22
  - **A. D'un ami** … 22
    - ACTIVITÉS 1 à 4
  - **B. En contexte professionnel** … 25
    - ACTIVITÉS 5 à 8
  - **C. D'une société commerciale** … 27
    - ACTIVITÉS 9 à 12
- **III** Comprendre une émission à la radio … 30
  - ACTIVITÉS 1 à 12
- **IV** Comprendre une discussion … 40
  - **A. Dans un lieu public** … 40
    - ACTIVITÉS 1 à 8
  - **B. À l'université** … 42
    - ACTIVITÉS 9 à 13

A comme... aborder la compréhension de l'oral

Description de l'épreuve

L'épreuve de compréhension orale, d'une durée de 20 à 25 minutes, est la première partie des épreuves collectives du DELF A2.

L'épreuve de compréhension orale est notée sur **25 points** et se compose de **quatre exercices** :

1. Comprendre une annonce   → noté sur 5 points
2. Comprendre un message   → noté sur 6 points
3. Comprendre une émission de radio   → noté sur 6 points
4. Comprendre une discussion   → noté sur 8 points

Pour vous aider...

Voici quelques conseils pour vous aider à préparer l'épreuve de compréhension orale.

1. Gérer l'écoute des documents

Vous allez entendre la consigne qui explique ce qu'il faut faire pour chaque activité.
Vous pouvez aussi lire cette même consigne sur votre copie d'examen.
Vous avez **30 secondes pour lire les questions** avant d'entendre le document sonore une première fois.

→ Prenez le temps de **bien lire les questions** et de **repérer les différents types de questions**. Elles peuvent aussi vous aider à comprendre le document et à répondre aux questions (voir un exemple d'activité dans les parties « B comme... brancher » et « C comme... contrôler la compréhension de l'oral »).

Après l'enregistrement, vous avez **30 secondes pour répondre aux questions**.

→ Si vous n'avez pas eu le temps de répondre à toutes les questions après la première écoute, restez confiant :
  • vous allez entendre le document sonore une deuxième fois,
  • et vous aurez encore 30 secondes après la deuxième écoute pour compléter les réponses manquantes.

2. Répondre aux questions

Il y a plusieurs types de questions :

- **Des questions où vous devez choisir et cocher (X) la bonne réponse.**

  → Il y a toujours une seule bonne réponse parmi les trois choix proposés (sauf si la consigne indique qu'il y a plusieurs réponses possibles).

  → Si vous avez déjà coché une case et que vous voulez changer de réponse, pensez à cocher et à entourer la case de la réponse que vous avez finalement choisie.

  a. X
  b. ☐
  c. (X)   ← *Cela signifie que vous choisissez la réponse c (cochée et entourée).*

- **Des informations (chiffrées ou non chiffrées) à donner ou à compléter.**

  → Vous n'êtes pas obligé d'écrire une phrase entière. Vous pouvez écrire quelques mots pour répondre à la question.

  → Essayez de répondre simplement et lisiblement.

  → Prenez le temps de relire vos réponses.

  → Consultez la partie *B comme... brancher* pour voir un exemple de sujet.

B comme... brancher

Exemple d'une activité à réaliser

Pour vous entraîner, réalisez l'activité suivante.

I Comprendre une annonce

ACTIVITÉ 1

Vous êtes dans une gare en France pour prendre le train. Vous entendez cette annonce. Lisez les questions. Écoutez le document puis répondez aux questions.

1. Le retard annoncé est de combien de temps ? ..../1 point

2. Quel est le problème ? ..../1 point
   a. ☐   b. ☐   c. ☐

3. Que faut-il faire pour avoir des informations ? ..../1 point
   a. ☐ Aller au guichet A.
   b. ☐ Aller dans la salle d'attente.
   c. ☐ Regarder les panneaux d'affichage.

4. Qu'est-ce que vous pouvez trouver dans la salle d'attente ? ..../1 point
   a. ☐   b. ☐   c. ☐

5. Quel numéro pouvez-vous appeler pour avoir un bon de réduction ? ..../1 point

Évaluez vos réponses à la page suivante.

C comme... contrôler la compréhension de l'oral

Proposition de correction

Après avoir réalisé les activités, vous pouvez évaluer vos réponses à l'aide de la proposition de correction.

I Comprendre une annonce

Pour l'activité que vous venez de réaliser, avez-vous bien répondu ?

1 • 2 heures. ..../1 point
2 • c. ..../1 point
3 • a. ..../1 point
4 • a. ..../1 point
5 • (Le) 01 85 67 60 00. ..../1 point

Vous avez moins de 3 points ? Regardez les conseils ci-dessous et page 7 et avec les activités p. 10 à 43.

ACTIVITÉ 1

Vous êtes dans une gare en France pour prendre le train. Vous entendez cette annonce. Lisez les questions. Écoutez le document puis répondez aux questions.

> Chaque exercice évalue un objectif spécifique. Ici, il faut comprendre une annonce simple, par exemple dans les transports (comme dans cette activité), dans un magasin...

1 • Le retard annoncé est de combien de temps ?

   2 heures

> Attention à bien lire les questions qui peuvent vous aider à répondre. On attend ici une durée (en heures ou en minutes).

2 • Quel est le problème ?
   a. ☐   b. ☐   c. ☒

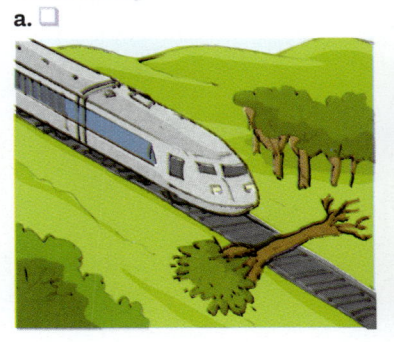

> Dans le document sonore, il faut repérer la cause du problème, indiquée par "en raison d'une tempête de neige".

3 • Que faut-il faire pour avoir des informations ?
   a. ☒ Aller au guichet A.
   b. ☐ Aller dans la salle d'attente.
   c. ☐ Regarder les panneaux d'affichage.

> Attention ici à bien écouter le document :
> - il faut repérer deux éléments qui aident à trouver la bonne réponse :
> "Les passagers sont invités à se présenter" et "pour toute information".
> - Pour vous aider, les questions suivent toujours l'ordre d'écoute du document sonore.

4 ● Qu'est-ce que vous pouvez trouver dans la salle d'attente ? ◄── Vous devez repérer ici un détail/un objet.
    a. ☒   b. ☐   c. ☐

5 ● Quel numéro pouvez-vous appeler pour avoir un bon de réduction ? ◄── On attend donc un numéro de téléphone. Attention à bien le retranscrire en entier : notez-le une première fois à la première écoute, et vérifiez vos réponses pendant la deuxième écoute.
    (Le) 01 85 67 60 00

PARTIE 1

D comme... DELF

Compréhension de l'ORAL

I Comprendre une annonce

A. Dans les transports

ACTIVITÉ 2

Vous êtes dans un train en France. Vous entendez cette annonce. Lisez les questions. Écoutez le document puis répondez aux questions.

1. Le train a .... minutes de retard.

2. Où s'arrête le train avant d'arriver à Paris ?
   - a. ☐ NANTES
   - b. ☐ ORLÉANS
   - c. ☐ TOURS

3. À quelle heure le train arrivera-t-il à Paris ?
   - a. ☐ 12 h 02.
   - b. ☐ 13 h 02.
   - c. ☐ 13 h 12.

4. Qu'est-ce que vous devez faire ?
   - a. ☐ 
   - b. ☐ 
   - c. ☐

5. Quel service est-ce que vous pouvez utiliser dans le train ?
   - a. ☐ 
   - b. ☐ 
   - c. ☐

11

PARTIE 1

D comme... DELF

jeu 19 jan 2017

ACTIVITÉ 3

Vous êtes dans un train en France. Vous entendez cette annonce.
Lisez les questions. Écoutez le document puis répondez aux questions.

1. Que devez-vous faire avant de sortir du train ?
   a. ☐   b.  ☐   c. ☐

2. Quel est le numéro du train qui va à Perpignan ?
   ....

3. À quelle heure part le train pour Perpignan ?
   a. ☐ 10 h 02.
   b. ☐ 12 h 02.
   c. ☐ 12 h 12.

4. Pour aller à Perpignan, à quel quai vous devez aller ?
   ....

5. Pour consulter les horaires des autres trains, vous devez...
   a. ☐   b.  ☐   c. ☐

Compréhension de l'ORAL

ACTIVITÉ 4

Vous êtes à l'aéroport en France. Vous devez aller à Berlin. Vous entendez cette annonce. Lisez les questions. Écoutez le document puis répondez aux questions.

1. Quel est le numéro de vol en direction de Berlin ?

   ....

2. Où devez-vous aller ?
   - a. ☐
   - b. ☐
   - c. ☐

3. Que devez-vous présenter aux hôtesses ?
   - a. ☐
   - b. ☐
   - c. ☐

4. Vous pouvez aussi aller dans la file d'attente prioritaire si vous voyagez…
   - a. ☐ en classe affaires.
   - b. ☐ en première classe.
   - c. ☐ en classe économique.

5. Combien de bagages à main un passager peut-il transporter ?

   ....

PARTIE 1

D comme... DELF

ACTIVITÉ 5

Vous êtes en France. Vous voulez prendre des transports publics. Vous entendez cette annonce. Lisez les questions. Écoutez le document puis répondez aux questions.

1. Quel moyen de transport est concerné par l'incident ?
   - a. ☐ 
   - b. ☐ 
   - c. ☐

2. Où va le bus numéro 18 ?

3. Combien de temps dure le trajet du bus numéro 18 ?

4. Où va la navette ?
   - a. ☐ 
   - b. ☐ 
   - c. ☐

5. Il y a des navettes toutes les _____ minutes.

Compréhension de l'ORAL

ACTIVITÉ 6

Vous prenez le métro à Paris. Vous entendez cette annonce. Lisez les questions. Écoutez le document puis répondez aux questions.

1 • Quand la station est-elle fermée ?

....

2 • Quelle station est fermée ?

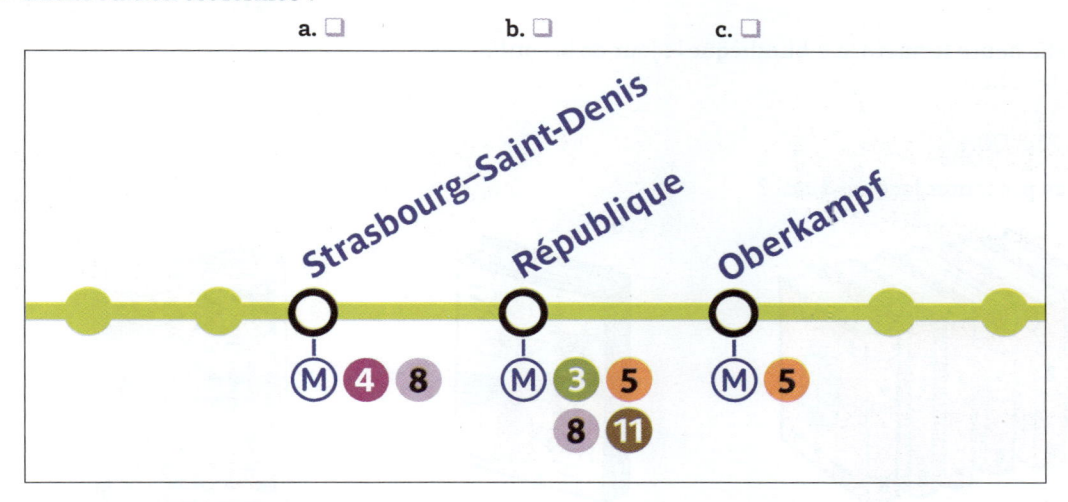

   a. ☐   b. ☐   c. ☐

   Strasbourg–Saint-Denis   République   Oberkampf
   Ⓜ 4 8   Ⓜ 3 5   Ⓜ 5
                               8 11

3 • Pourquoi la station est-elle fermée ?

   a. ☐   b. ☐   c. ☐

4 • Quelle autre ligne de métro pouvez-vous prendre ?

....

5 • Si vous voulez avoir plus d'informations, que devez-vous faire ?

....

15

PARTIE 1

D comme... DELF

B. Dans un lieu public

ACTIVITÉ 7

Vous êtes dans une bibliothèque en France. Vous entendez cette annonce. Lisez les questions. Écoutez le document puis répondez aux questions.

1. • À quelle date aura lieu la conférence ?

2. • À quelle heure fermera la bibliothèque le jour de la conférence ?
   - a. ☐ 18 h 00.
   - b. ☐ 19 h 00.
   - c. ☐ 21 h 00.

3. • Que va présenter Jacques Hadi ?

   a. ☐   b. ☐   c. ☐

4. • Combien coûte le livre ?

5. • Où est-ce qu'on peut réserver une place pour la conférence ?

   a. ☐   b. ☐   c. ☐

Compréhension de l'ORAL

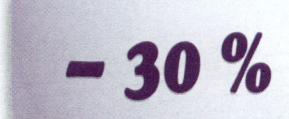

ACTIVITÉ 8

Vous êtes dans un magasin en Belgique. Vous entendez cette annonce. Lisez les questions. Écoutez le document puis répondez aux questions.

1 • Le magasin ferme dans combien de temps ?

2 • On vous demande…
   a. ❏ de quitter le magasin.
   b. ❏ d'aller payer à la caisse.
   c. ❏ de participer à un jeu-concours.

3 • Pour quelle catégorie d'articles le magasin va organiser une fête ?
   a. ❏   b.  ❏   c. ❏

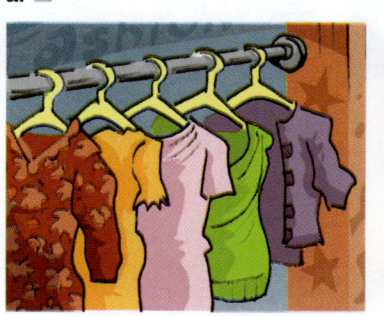

4 • Quel jour aura lieu la fête ?

5 • Quelle réduction proposera le magasin ?
   a. ❏   b. ❏   c. ❏
   − 10 %   − 20 %   − 30 %

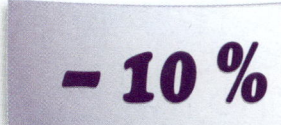

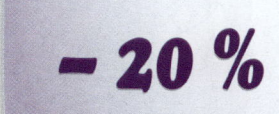

17

PARTIE 1

D comme... DELF

ACTIVITÉ 9

Vous êtes dans un supermarché en France. Vous entendez cette annonce. Lisez les questions. Écoutez le document puis répondez aux questions.

1. • Sur quoi porte la promotion en ce moment ?
   a. ☐   b. ☐   c. ☐

2. • Jusqu'à quand pouvez-vous profiter de cette promotion ?
   ....

3. • Qu'est-ce que vous pouvez gagner ?
   a. ☐ Des savons.
   b. ☐ Des parfums.
   c. ☐ Des jeux vidéos.

4. • Quelle sera la prochaine promotion ?
   a. ☐   b. ☐   c. ☐

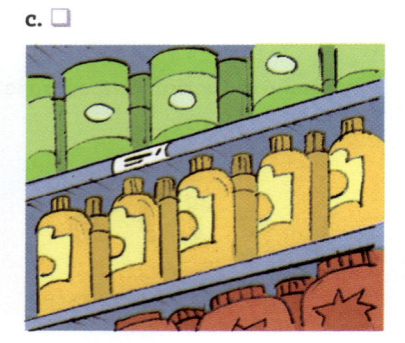

5. • Vous pourrez avoir jusqu'à .... % de réduction.

Compréhension de l'ORAL

ACTIVITÉ 10

Vous êtes au cinéma en France. Vous entendez cette annonce. Lisez les questions. Écoutez le document puis répondez aux questions.

1. • Il reste combien de places pour la séance du film « Au bout du conte » ?

2. • Le film « 20 ans d'écart » est à quelle heure ?
   a. ☐ 18 h 00.
   b. ☐ 18 h 30.
   c. ☐ 18 h 45.

3. • Si vous achetez un ticket aujourd'hui, vous avez des réductions sur…
   a. ☐   b. ☐   c. ☐

4. • Combien d'euros par mois coûte l'abonnement au programme « IGC illimité » ?

5. • Où faut-il aller pour s'inscrire ?

PARTIE 1

D comme... DELF

ACTIVITÉ 11

Vous êtes à la bibliothèque en France. Vous entendez cette annonce. Lisez les questions. Écoutez le document puis répondez aux questions.

1 • À quelle heure ferme la bibliothèque ? ....

2 • Il vous reste combien de temps avant la fermeture ? ....

3 • Pour prendre un livre, à quel guichet pouvez-vous aller ?

   a. ☐   b. ☐   c. ☐

4 • Qu'est-ce qu'il faut apporter pour s'inscrire à cette bibliothèque ?
   a. ☐ Une photo.
   b. ☐ Un passeport.
   c. ☐ Un justificatif de domicile.

5 • Combien coûte l'inscription ? ....

ACTIVITÉ 12

Vous êtes en vacances en France, dans un parc à thème. Vous entendez cette annonce. Lisez les questions. Écoutez le document puis répondez aux questions.

1 • Cette annonce concerne quelle attraction ?
   a. ☐   b.  ☐   c. ☐

Compréhension de l'ORAL

2. Combien est-ce qu'il faut mesurer pour pouvoir monter dans le manège ?

....

3. Qu'est-ce qu'il faut ranger dans le sac ? *(1 réponse attendue)*

....

4. Pendant l'attraction, il faut…
   a. ☐ garder ses lunettes.
   b. ☐ enlever ses chaussures.
   c. ☐ laisser la tête appuyée contre le siège.

5. Qu'est-ce que vous pouvez acheter à la sortie ?

....

ACTIVITÉ 13

Vous êtes dans la rue en France. Vous entendez cette annonce. Lisez les questions. Écoutez le document puis répondez aux questions.

1. Cette annonce concerne…
   a. ☐   **b.** ☐   **c.** ☐

2. Qu'est-ce que vous pouvez voir à cet endroit ? *(1 réponse attendue)*

....

3. À quelle date est le spectacle ?

....

4. À quelle heure ?

....

5. Jusqu'à quel âge le spectacle est-il gratuit ?
   a. ☐ 2 ans.
   b. ☐ 14 ans.
   c. ☐ 18 ans.

PARTIE 1

D comme... DELF

II Comprendre un message

A. D'un ami

ACTIVITÉ 1

Votre ami Stéphane vous laisse un message sur votre répondeur.
Lisez les questions. Écoutez le document puis répondez aux questions.

1. Stéphane vous appelle pour...
   a. ☐ annuler
   b. ☐ proposer   une sortie.
   c. ☐ confirmer

2. De quelle activité parle Stéphane ?
   a. ☐   b. ☐   c. ☐

3. À quel moment de la semaine Stéphane est-il disponible ? _____

4. À quelle heure ? _____

5. Stéphane aime les histoires...
   a. ☐ drôles.
   b. ☐ tragiques.
   c. ☐ romantiques.

6. Vous pouvez appeler Stéphane au : _____

ACTIVITÉ 2

Votre ami français laisse un message sur votre répondeur.
Lisez les questions. Écoutez le document puis répondez aux questions.

1. À quelle heure est votre examen de portugais ? _____

2. C'est un examen de...
   a. ☐ phonétique.
   b. ☐ vocabulaire.
   c. ☐ conjugaison.

3. Dans quelle salle sera l'examen ? _____

4. Thomas vous propose d'étudier avec lui...
   a. ☐ aujourd'hui.
   b. ☐ demain.
   c. ☐ après-demain.

Compréhension de l'ORAL

5 • À quelle heure ?
    a. ☐ 8 h 00.
    b. ☐ 10 h 00.
    c. ☐ 11 h 00.

6 • Vous devez confirmer votre rendez-vous par…
    a. ☐   **b.** ☐   **c.** ☐

ACTIVITÉ 3

*Votre amie française laisse un message sur votre répondeur.
Lisez les questions. Écoutez le document puis répondez aux questions.*

1 • Qu'est-ce que Marianne vous demande de faire mardi prochain ?

2 • Pourquoi Marianne n'est pas disponible ?
    a. ☐ Elle fait du sport.
    b. ☐ Elle travaille tard.
    c. ☐ Elle fait les courses.

3 • À quelle heure Olga finit-elle ?
    a. ☐ 16 h 30.
    b. ☐ 17 h 30.
    c. ☐ 19 h 00.

4 • Marianne vous demande aussi de…
    a. ☐   **b.** ☐   **c.** ☐

5 • À quelle heure Marianne arrivera ?

6 • À quel numéro pouvez-vous rappeler Marianne ?

PARTIE 1

D comme... DELF

ACTIVITÉ 4

*Votre amie française laisse un message sur votre répondeur.
Lisez les questions. Écoutez le document puis répondez aux questions.*

1. • Qu'est-ce qu'Elsa vous propose de faire ?
   a. ☐   b. ☐   c. ☐

2. • Quand ?
   ....

3. • Qu'est-ce qu'Elsa vous propose après ?
   a. ☐   b. ☐   c. ☐

4. • Que devez-vous apporter si vous venez ?
   a. ☐ Un gâteau.
   b. ☐ Une salade.
   c. ☐ Du jus de fruits.

5. • Avant quelle heure devez-vous rappeler Elsa ?
   ....

6. • Pourquoi ?
   ....

24

Compréhension de l'ORAL

B. En contexte professionnel

ACTIVITÉ 5

Un employé de Formation ABC laisse un message sur votre répondeur. Lisez les questions. Écoutez le document puis répondez aux questions.

1. L'employé appelle pour une formation…
   - a. ☐ de langue.
   - b. ☐ d'informatique.
   - c. ☐ de communication.

2. Le matin, la formation finit à _____

3. Vous pouvez payer votre formation…
   - a. ☐ par carte.
   - b. ☐ en espèces.
   - c. ☐ par chèque.

4. *ABC Formation* vous donne… *(une réponse attendue)*
   _____

5. Quel document devez-vous présenter le premier jour de la formation ?
   - a. ☐
   - b. ☐
   - c. ☐

   CARTE D'ÉTUDIANT | RÉPUBLIQUE FRANÇAISE CARTE D'IDENTITÉ | CARTE DE BIBLIOTHÈQUE

6. Vous pouvez appeler *Formation ABC* au : _____

ACTIVITÉ 6

Vous travaillez dans une école de langues en France. Vous devez aller à un salon professionnel. Vous entendez ce message d'une collègue sur votre répondeur. Lisez les questions. Écoutez le document puis répondez aux questions.

1. Maud vous appelle pour vous…
   - a. ☐ demander un service.
   - b. ☐ donner des informations.
   - c. ☐ proposer quelque chose.

2. Quand commence le salon ? _____

3. Qu'est-ce que vous devez télécharger ? _____

4. Où ? _____

5. Vous pouvez garer votre voiture dans la rue de la Porte…
   - a. ☐ d'Issy.
   - b. ☐ de Paris.
   - c. ☐ de Versailles.

6. Maud vous demande d'apporter…
   - a. ☐ des photos.
   - b. ☐ des cartes de visite.
   - c. ☐ des documents publicitaires.

PARTIE 1

D comme... DELF

ACTIVITÉ 7

Vous travaillez en France. Mme Bouquin laisse un message sur votre répondeur. Lisez les questions. Écoutez le document puis répondez aux questions.

1. Mme Bouquin est la directrice d'une…

   _____

2. Pourquoi Mme Bouquin vous appelle ?
   - a. ❏ Pour annuler un rendez-vous.
   - b. ❏ Pour proposer un rendez-vous.
   - c. ❏ Pour confirmer un rendez-vous.

3. Mme Bouquin vous demande d'apporter…
   - a. ❏
   - b. ❏
   - c. ❏

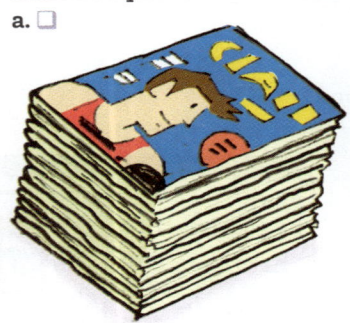

4. Mme Bouquin est disponible jeudi. À quelle heure ?

   _____

5. Si vous voyez madame Bouquin vendredi, elle est disponible…
   - a. ❏ le matin.
   - b. ❏ le midi.
   - c. ❏ l'après-midi.

6. Vous pouvez appeler Mme Bouquin au : _____

   _____

ACTIVITÉ 8

Vous devez partir en voyage professionnel. Vous entendez ce message sur votre répondeur. Lisez les questions. Écoutez le document puis répondez aux questions.

1. À quelle heure le taxi vient-il vous chercher ?
   - a. ❏ 9 h 30.
   - b. ❏ 15 h 30.
   - c. ❏ 18 h 30.

2. Quel est le numéro de la réservation ? _____

3. Qu'est-ce qu'il faut demander au chauffeur de taxi ? _____

4. Monsieur Legal est…
   - a. ❏ le comptable.
   - b. ❏ le chauffeur de taxi.
   - c. ❏ le directeur commercial.

Compréhension de l'ORAL

5 • Qu'est-ce que vous allez faire mercredi matin ?
   a. ☐   b.  ☐   c. ☐

6 • Quel est le numéro de téléphone de Monsieur Legal ? _____

C. D'une société commerciale

ACTIVITÉ 9

Un employé de l'hôtel Beaulieu, à Aix-en-Provence, laisse un message sur votre répondeur. Lisez les questions. Écoutez le document puis répondez aux questions.

1 • Quel service gratuit est inclus dans votre réservation ?
_____

2 • À quel moment de la journée devez-vous prendre votre chambre ?
   a. ☐ Le matin.
   b. ☐ L'après-midi.
   c. ☐ Le soir.

3 • À quelle heure finit le petit déjeuner ? _____

4 • Combien coûte le petit déjeuner ? _____

5 • Vous pouvez l'appeler au : _____

6 • Pour aller à l'hôtel, vous pouvez utiliser…
   a. ☐   b.  ☐   c. ☐

27

PARTIE 1

D comme... DELF

ACTIVITÉ 10

L'agence de voyages Lacrosse laisse un message sur votre répondeur.
Lisez les questions. Écoutez le document puis répondez aux questions.

1 • L'agence Lacrosse vous appelle pour...
   a. ❏ annuler un voyage.
   b. ❏ vous offrir une promotion.
   c. ❏ vous annoncer des changements.

2 • Votre départ est prévu le...
   a. ❏ mardi 9.
   b. ❏ mardi 13.
   c. ❏ mardi 16.

3 • Quelle est la nouvelle heure de départ de votre vol ? ....

4 • Quel est votre nouveau numéro de chambre ? ....

5 • Quel moyen de transport pouvez-vous utiliser pour aller à l'hôtel ? *(Une réponse attendue)*
....

6 • Si vous avez des questions, quel moyen de communication devez-vous utiliser ?
   a. ❏   b.  ❏   c. ❏

ACTIVITÉ 11

Vous entendez ce message sur votre répondeur.
Lisez les questions. Écoutez le document puis répondez aux questions.

1 • Qu'est-ce que vous avez gagné ?
   a. ❏   b.  ❏   c. ❏

Compréhension de l'ORAL

2 • Quel numéro faut-il appeler pour avoir votre cadeau ? ....

3 • Qu'est-ce qu'il faut donner pour récupérer le cadeau ?
   a. ❏ Votre adresse.
   b. ❏ Votre courriel.
   c. ❏ Votre numéro de téléphone.

4 • Où peut-on voir toutes les promotions ? ....

5 • Vous avez…
   a. ❏ 25 %
   b. ❏ 30 %   de réduction sur les ordinateurs.
   c. ❏ 40 %

6 • Jusqu'à quand dure la promotion ? ....

ACTIVITÉ 12

Vous entendez ce message sur votre répondeur.
Lisez les questions. Écoutez le document puis répondez aux questions.

1 • Vous avez 30 % de réduction sur…
   a. ❏   b. ❏   c. ❏

2 • Sophie Legrand vous propose de racheter vos anciens meubles…
   a. ❏ de salon.
   b. ❏ de jardin.
   c. ❏ de salle de bains.

3 • Si vous êtes intéressé, à quel numéro devez-vous rappeler Sophie Legrand ?

....

4 • Qu'est-ce que vous pouvez gagner ?

....

5 • Il faut donner une réponse avant quelle date ?

....

6 • Quel code faut-il donner ?

....

PARTIE 1

D comme... DELF

III — Comprendre une émission à la radio

ACTIVITÉ 1

Vous êtes en vacances en France. Vous écoutez la radio.
Lisez les questions. Écoutez le document puis répondez aux questions.

1 • De quel sport parle le journaliste ? ....

2 • À Cauterets, combien y a-t-il de mètres de neige ? ....

3 • Aujourd'hui, le temps sera...
   a. ☐   b. 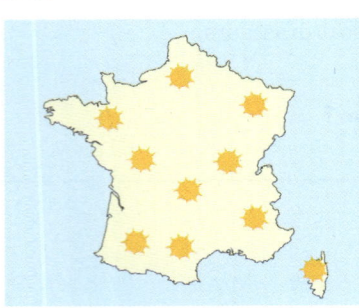 ☐   c. ☐

4 • Dans quelle ville il fera - 2°C ?
   a. ☐ Paris.
   b. ☐ Nantes.
   c. ☐ Marseille.

5 • Quelle température fera-t-il à Strasbourg ? ....

6 • Les habitants de Strasbourg ne peuvent pas utiliser...
   a. ☐ le bus.
   b. ☐ le train.
   c. ☐ la voiture.

ACTIVITÉ 2

Vous êtes à Orléans, en France. Vous écoutez la radio locale.
Lisez les questions. Écoutez le document puis répondez aux questions.

1 • À quel moment de la journée est diffusé le bulletin d'informations ? ....

2 • Quelle est la température ? ....

3 • Quel est l'état général des routes à Orléans ?
   a. ☐   b.  ☐   c. ☐

Compréhension de l'ORAL

4 • Les transports en commun...
   a. ❏ sont ralentis.
   b. ❏ sont annulés.
   c. ❏ fonctionnent bien.

5 • À quelle heure ouvre exceptionnellement la Poste ?
....

6 • Combien coûte la communication si vous appelez la Poste ?
....

ACTIVITÉ 3

Vous êtes en France. Vous écoutez les informations à la radio. Lisez les questions. Écoutez le document puis répondez aux questions.

1 • Le bulletin d'informations est diffusé...
   a. ❏ le matin.
   b. ❏ l'après-midi.
   c. ❏ le soir.

2 • Quelle information pouvez-vous trouver sur www.sncf.com ?
   a. ❏ Les horaires.
   b. ❏ Les promotions.
   c. ❏ La liste des gares.

3 • À Paris, il y a un métro toutes les...
   a. ❏ 15 minutes.
   b. ❏ 30 minutes.
   c. ❏ 60 minutes.

4 • Quel transport public est annulé à Perpignan ?
....

5 • Quel transport public est maintenu à Nantes ?
   a. ❏   b. ❏   c. ❏

6 • Selon le journaliste, combien de temps va durer la grève ?
....

D comme... DELF

ACTIVITÉ 4

Vous écoutez un reportage à la radio. Lisez les questions. Écoutez le document puis répondez aux questions.

1. La majorité des visiteurs viennent...
   - **a.** ☐ d'Asie.
   - **b.** ☐ d'Europe.
   - **c.** ☐ d'Amérique.

2. Selon le journaliste, les Belges sont...
   - **a.** ☐ gentils.
   - **b.** ☐ sérieux.
   - **c.** ☐ superficiels.

3. Le musée mentionné dans le reportage présente :
   - **a.** ☐ 
   - **b.** ☐ 
   - **c.** ☐

4. Chaque année, il y a combien de visiteurs en Belgique ?

   ....

5. En Belgique, les touristes aiment l'histoire, l'architecture et...
   - **a.** ☐ 
   - **b.** ☐ 
   - **c.** ☐

6. Où pouvez-vous obtenir des informations sur la Belgique ?

   ....

Compréhension de l'ORAL

ACTIVITÉ 5

Vous écoutez une émission de santé à la radio. Lisez les questions. Écoutez le document puis répondez aux questions.

1. De quelle saison de l'année parle la journaliste ? _____

2. Quel est le thème du reportage ?
   - a. ☐ La santé.
   - b. ☐ Le travail.
   - c. ☐ Les voyages.

3. La journaliste recommande…
   - a. ☐ 
   - b. ☐ 
   - c. ☐

4. Qu'est-ce que vous devez beaucoup boire ? _____

5. Quel fruit mentionne la journaliste ? _____

6. Quel est le meilleur moment pour faire la sieste ?
   - a. ☐ La semaine.
   - b. ☐ Le week-end.
   - c. ☐ Les vacances.

ACTIVITÉ 6

Vous écoutez une émission à la radio française. Lisez les questions. Écoutez le document puis répondez aux questions.

1. Quand sort le nouveau livre de Jean-Pierre Coiffe ? _____

2. Dans son livre, on trouve des recettes…
   - a. ☐ d'entrées.
   - b. ☐ d'apéritifs.
   - c. ☐ de desserts.

3. Quel est le dessert préféré de Jean-Pierre Coiffe ? _____

4. Les recettes de Jean-Pierre Coiffe sont…
   - a. ☐ simples.
   - b. ☐ élaborées.
   - c. ☐ originales.

5. Quand Jean-Pierre Coiffe sera-t-il au salon du Livre ? _____

6. Que va-t-il faire au Salon du Livre ?
   - a. ☐ 
   - b. ☐ 
   - c. ☐

PARTIE 1

D comme... DELF

ACTIVITÉ 7

Vous écoutez la radio. Le journaliste parle d'un film qui va sortir au cinéma. Lisez les questions. Écoutez le document puis répondez aux questions.

1. • Quelle est la date de sortie du film ? ....

2. • À quel pays d'aujourd'hui correspond *Brittania* ?
   - a. ❑ la France.
   - b. ❑ la Belgique.
   - c. ❑ le Royaume-Uni.

3. • Selon le journaliste, Obélix est…
   - a. ❑ fort.
   - b. ❑ drôle.
   - c. ❑ courageux.

4. • De quel genre de film il s'agit ?
   - a. ❑ Une romance.
   - b. ❑ Une comédie.
   - c. ❑ Un dessin animé.

5. • Si vous participez au concours, vous pouvez gagner…
   - a. ❑ une affiche du film.
   - b. ❑ une figurine collector.
   - c. ❑ des tickets de cinéma.

6. • Pour gagner le concours, vous devez indiquer la date de sortie…
   - a. ❑ du premier film d'Astérix.
   - b. ❑ du premier DVD d'Astérix.
   - c. ❑ de la première bande dessinée d'Astérix.

Compréhension de l'ORAL

ACTIVITÉ 8

Vous entendez cette annonce à la radio. Lisez les questions. Écoutez le document puis répondez aux questions.

1 • Le site « Voyages + » vous propose des promotions pour aller…
   a. ☐   b. ☐   c. ☐

2 • Il y a une réduction de…
   a. ☐ 15 %
   b. ☐ 20 %   sur l'hôtel proposé.
   c. ☐ 40 %

3 • Pour bénéficier de la promotion, combien de jours devez-vous rester à l'hôtel ?
   a. ☐ 2.
   b. ☐ 3.
   c. ☐ 4.

4 • Que pouvez-vous gagner ?
   ....

5 • Quel numéro faut-il appeler ?
   ....

6 • Jusqu'à quand pouvez-vous jouer ?
   ....

PARTIE 1

D comme... DELF

ACTIVITÉ 9

Vous écoutez une émission à la radio. Lisez les questions. Écoutez le document puis répondez aux questions.

1. Qu'est-ce que Marie Laurencin a beaucoup peint ?
   a. ☐ b. ☐ c. ☐

2. Combien de tableaux pouvez-vous voir à l'exposition ?

3. Quand finit l'exposition ?
   a. ☐ Le 10 juin.
   b. ☐ Le 21 juin.
   c. ☐ Le 30 juin.

4. De quel pays vient la majorité des tableaux ?

5. On vous conseille de prendre quel moyen de transport pour aller au musée ?
   a. ☐ Le bus.
   b. ☐ Le train.
   c. ☐ Le métro.

6. Où pouvez-vous acheter un ticket ?

Compréhension de l'ORAL

ACTIVITÉ 10

Vous écoutez la radio française. Vous entendez cette émission.
Lisez les questions. Écoutez le document puis répondez aux questions.

1. • Quel est le métier de Chris ?
   a. ☐   b. ☐   c. ☐

2. • Combien de concerts Chris a-t-il fait ?
   ....

3. • Pendant combien de temps Chris a-t-il voyagé ?
   ....

4. • Où est son meilleur souvenir ?
   a. ☐ À Cayenne.
   b. ☐ À Pointe-à-Pitre.
   c. ☐ À Fort-de-France.

5. • Pourquoi ?
   a. ☐ Chris a chanté avec les spectateurs.
   b. ☐ Chris a signé beaucoup d'autographes.
   c. ☐ Chris a pu découvrir une nouvelle ville.

6. • Qu'est-ce que Chris prépare maintenant ?
   ....

PARTIE 1

D comme... DELF

ACTIVITÉ 11

Vous entendez cette émission sur une station de radio française. Lisez les questions. Écoutez le document puis répondez aux questions.

1. À quelle saison de l'année est cette fête du cinéma ?
   ....

2. À quelle date commence cet événement ?
   ....

3. Combien coûte la séance ?
   ....

4. Combien de spectateurs viennent chaque année ?
   - a. ❏ 1 million.
   - b. ❏ 2 millions.
   - c. ❏ 3 millions.

5. Si vous voulez voir une comédie, quel film pouvez-vous voir ?
   - a. ❏ *Amour.*
   - b. ❏ *20 ans d'écart.*
   - c. ❏ *Le Monde fantastique d'Oz.*

6. Si vous venez avec des enfants, on vous conseille quel film ?
   - a. ❏ *Amour.*
   - b. ❏ *Jappeloup.*
   - c. ❏ *Ernest et Célestine.*

Compréhension de l'ORAL

ACTIVITÉ 12

Vous entendez cette émission à la radio française. Lisez les questions. Écoutez le document puis répondez aux questions.

1. Qu'est-ce que la formation en apprentissage permet de faire ?
   ....

2. Quel domaine choisit souvent cette formule ?
   a. ☐   b. ☐   c. ☐

3. Selon le journaliste, les étudiants choisissent l'apprentissage parce qu'ils…
   a. ☐ n'ont pas d'examen.
   b. ☐ vont moins souvent à l'école.
   c. ☐ peuvent avoir de l'expérience pratique.

4. Après cette formation, les étudiants, le plus souvent, …
   a. ☐ partent à l'étranger.
   b. ☐ continuent leurs études.
   c. ☐ restent dans l'entreprise.

5. Où est le salon de l'apprentissage ?
   ....

6. Quand commence le salon ?
   ....

39

PARTIE 1

D comme... DELF

IV Comprendre une discussion

A. Dans un lieu public

ACTIVITÉ 1

*Vous êtes dans un café parisien. Vous entendez ces conversations.
Écoutez le document et reliez le dialogue à la situation correspondante.*

- Dialogue 1 •   • a. Prendre congé de quelqu'un.
- Dialogue 2 •   • b. Proposer une sortie.
- Dialogue 3 •   • c. Donner des indications.
- Dialogue 4 •   • d. Commander quelque chose.

ACTIVITÉ 2

*Vous êtes dans la rue. Vous entendez ces conversations.
Écoutez le document et reliez le dialogue à la situation correspondante.*

- Dialogue 1 •   • a. Presenter quelqu'un.
- Dialogue 2 •   • b. Refuser une sortie.
- Dialogue 3 •   • c. Confirmer un rendez-vous.
- Dialogue 4 •   • d. Demander un service.

ACTIVITÉ 3

*Vous attendez le bus en France. Vous entendez ces conversations.
Écoutez le document et reliez le dialogue à la situation correspondante.*

- Dialogue 1 •   • a. Donner ses impressions.
- Dialogue 2 •   • b. Annoncer un événement.
- Dialogue 3 •   • c. Demander un service.
- Dialogue 4 •   • d. Refuser une sortie.

ACTIVITÉ 4

*Vous êtes dans la rue à Lisieux en France. Vous entendez ces conversations.
Écoutez le document et reliez le dialogue à la situation correspondante.*

- Dialogue 1 •   • a. Conseiller quelqu'un.
- Dialogue 2 •   • b. S'excuser.
- Dialogue 3 •   • c. Féliciter quelqu'un.
- Dialogue 4 •   • d. Proposer quelque chose à quelqu'un.

Compréhension de l'ORAL

ACTIVITÉ 5

Vous êtes dans un centre commercial en France. Vous entendez ces conversations. Écoutez le document et reliez le dialogue à la situation correspondante.

Dialogue 1 •   • **a.** Proposer quelque chose.
Dialogue 2 •   • **b.** Remercier quelqu'un.
Dialogue 3 •   • **c.** Demander des informations.
Dialogue 4 •   • **d.** Refuser quelque chose.

ACTIVITÉ 6

Vous êtes dans la rue en France. Vous entendez cette conversation entre un couple français. Lisez les questions. Écoutez le document puis répondez aux questions.

1 • Quel jour de la semaine sera férié ? ....

2 • Il y a des promotions sur…
   a. ❏ les vols.
   b. ❏ les chambres d'hôtel.
   c. ❏ les locations de voiture.

3 • Quelle activité intéresse le mari ?
   a. ❏ Visiter des musées.
   b. ❏ Aller au bord de la mer.
   c. ❏ Se promener dans la ville.

4 • Quelle est la température à Barcelone ?
   ....

ACTIVITÉ 7

Deux amis français discutent dans la rue. Vous entendez cette conversation. Lisez les questions. Écoutez le document puis répondez aux questions.

1 • Quand Julien est-il arrivé dans les Alpes ? ....

2 • Chaque jour, il a fait…
   a. ❏ du ski.
   b. ❏ du patinage.
   c. ❏ de la randonnée.

3 • Quelle température il a fait à Champoussin ?
   ....

4 • Quel temps il a fait à Champoussin ?
   a. ❏ Il a neigé.
   b. ❏ Il a fait soleil.
   c. ❏ Il y a eu du vent.

PARTIE 1

D comme... DELF

ACTIVITÉ 8

Vous êtes dans la rue en France. Vous entendez cette conversation. Lisez les questions. Écoutez le document puis répondez aux questions.

1 • Pourquoi Enzo ne va pas à l'école aujourd'hui ? ....

2 • À quelle heure Isabelle a-t-elle pris rendez-vous ? ....

3 • Isabelle...
    a. ❏ ne va pas travailler.
    b. ❏ va travailler dans l'après-midi.
    c. ❏ va travailler juste après le rendez-vous.

4 • Le chef d'Isabelle est...
    a. ❏ drôle.
    b. ❏ méchant.
    c. ❏ sympathique.

B. À l'université

ACTIVITÉ 9

Vous êtes à l'université. Vous entendez ces conversations. Écoutez le document et reliez le dialogue à la situation correspondante.

Dialogue 1 •   • a. Faire une proposition.
Dialogue 2 •   • b. Demander son chemin.
Dialogue 3 •   • c. Demander la date et l'heure.
Dialogue 4 •   • d. Demander un service.

ACTIVITÉ 10

Vous entendez cette conversation entre deux étudiants près d'une université française. Lisez les questions. Écoutez le document puis répondez aux questions.

1 • Sophie est allée...
    a. ❏ au Canada.
    b. ❏ en Australie.
    c. ❏ aux États-Unis.

2 • Avec qui Paul veut-il vivre pendant son séjour ? ....

3 • Combien de temps Paul veut-il rester à l'étranger ? ....

4 • Quel type de séjour intéresse Paul ?
    a. ❏ Des cours le matin et des activités l'après-midi.
    b. ❏ Des activités le matin et des cours l'après-midi.
    c. ❏ Des cours le matin et des activités le week-end.

Compréhension de l'ORAL

ACTIVITÉ 11

Vous vous baladez près d'une université française. Vous entendez ces conversations. Écoutez le document et reliez le dialogue à la situation correspondante.

Dialogue 1 •   • a. Raconter quelque chose.
Dialogue 2 •   • b. Refuser quelque chose.
Dialogue 3 •   • c. Présenter quelqu'un.
Dialogue 4 •   • d. Demander une information.

ACTIVITÉ 12

Vous vous baladez dans la rue en France près d'une université. Vous entendez cette conversation. Lisez les questions. Écoutez le document puis répondez aux questions.

1 • Quand Romane part-elle au Canada ?
   ....

2 • Pourquoi Romane va-t-elle au Canada ?
   a. ❑ Elle va faire un stage.
   b. ❑ Elle va voir sa famille.
   c. ❑ Elle a gagné un voyage.

3 • Quand revient Romane ?
   ....

4 • Où Lina aimerait-elle partir ?
   a. ❑ En Suisse.   b. ❑ Au Canada.   c. ❑ En Belgique.

ACTIVITÉ 13

Vous êtes à l'université, en France. Vous entendez cette conversation entre un professeur et une étudiante. Lisez les questions. Écoutez le document puis répondez aux questions.

1 • Le professeur est...
   a. ❑ amusé
   b. ❑ surpris   du retard de Nelly.
   c. ❑ mécontent

2 • Pourquoi Nelly est-elle en retard ?
   a. ❑ Elle n'a pas entendu son réveil.
   b. ❑ Elle a eu un problème de transports.
   c. ❑ Elle n'a pas trouvé la salle du cours.

3 • Combien de temps a mis Nelly pour arriver en cours ?
   ....

4 • Qu'est-ce que le professeur demande à Nelly d'apporter la prochaine fois ?
   ....

Compréhension des ÉCRITS

A comme... *aborder la compréhension des écrits* **45**
    Description de l'épreuve 45
    Pour vous aider... 45

B comme... *brancher* **46**
    Exemple d'une activité à réaliser 46
  II Comprendre un message 46
    ACTIVITÉ 1

C comme... *contrôler la compréhension des écrits* **47**
    Proposition de correction 47
  II Comprendre un message 47
    ACTIVITÉ 1

D comme... *DELF* **48**
  I Comprendre des documents courts 48
A. Choisir une activité 48
    ACTIVITÉS 1 à 7
B. Choisir une offre 55
    ACTIVITÉS 8 à 12
  II Comprendre un message 60
A. Message d'un ami ou d'un collègue 60
    ACTIVITÉS 2 à 8
B. Message d'un établissement ou d'une société 67
    ACTIVITÉS 9 à 14
  III Comprendre des instructions 73
A. Des conseils 73
    ACTIVITÉS 1 à 6
B. Des règlements et des modes d'emploi 79
    ACTIVITÉS 7 à 12
  IV Comprendre un document informatif 85
A. Un article de presse écrite 85
    ACTIVITÉS 1 à 5
B. Un article sur internet 91
    ACTIVITÉS 6 à 18
C. Un message publicitaire 94
    ACTIVITÉS 9 à 12

A comme... aborder la compréhension des écrits

Description de l'épreuve

L'épreuve de compréhension écrite est la première partie des épreuves collectives du DELF A2. Elle dure **30 minutes**.

L'épreuve de compréhension écrite est notée sur **25 points** et se compose de **quatre exercices** :

1. Comprendre des documents courts → noté sur 5 points
2. Comprendre un message → noté sur 6 points
3. Comprendre des instructions → noté sur 6 points
4. Comprendre un texte informatif → noté sur 8 points

Pour vous aider...

Voici quelques conseils pour vous aider à préparer l'épreuve de compréhension écrite :

1. Lire des documents

Vous devez lire la consigne qui explique ce qu'il faut faire pour chaque activité. Comprendre la consigne permet de bien répondre aux questions.

→ Prenez le temps de **bien lire les questions** et de **repérer les différents types de questions**. Elles peuvent aussi vous aider à comprendre le document et à répondre aux questions (voir un exemple d'activité dans les parties « B comme... brancher » et « C comme... contrôler la compréhension écrite »).

2. Répondre aux questions

Il y a plusieurs types de questions :

- **Des questions où vous devez choisir et cocher (X) la bonne réponse.**
    → Il y a toujours une seule bonne réponse parmi les trois choix proposés (sauf si la consigne indique qu'il y a plusieurs réponses possibles).
    → Si vous avez déjà coché une case et que vous voulez changer de réponse, pensez à cocher et à entourer la case de la réponse que vous avez finalement choisie.
    a. X
    b. ☐
    c. (X) ← *Cela signifie que vous choisissez la réponse c (cochée et entourée).*

- **Des informations (chiffrées ou non chiffrées) à donner ou à compléter.**
    → Vous n'êtes pas obligé d'écrire une phrase entière. Vous pouvez écrire quelques mots pour répondre à la question.
    → Essayez de répondre simplement et lisiblement.
    → Prenez le temps de relire vos réponses.

- **Des affirmations à justifier (vrai ou faux).**
    → Vous devez d'abord cocher (X) pour indiquer si l'affirmation est vraie ou fausse.
    → Vous devez justifier votre réponse en recopiant une phrase (entière ou partielle) du texte. Vous n'avez pas besoin de reformuler, il faut seulement citer la phrase.
    → Vous obtenez tous les points si le V/F et la justification sont corrects.
    → Consultez la partie *B comme... brancher* pour voir un exemple de sujet.

B comme... brancher

Exemple d'une activité à réaliser

Pour vous entraîner, réalisez l'activité suivante.

II Comprendre un message

ACTIVITÉ 1

Vous êtes en France. Vous recevez un courriel de votre ami français.

De : vincent.vivant@abc.be
Objet : vendredi soir

Salut !
Comment ça va ?
J'ai une bonne nouvelle : mon cousin Léo a eu un nouveau poste à son travail. Nous allons fêter ça vendredi soir. Nous allons au restaurant à 20h00. Ma sœur Justine sera là. Nous n'avons pas choisi le restaurant, est-ce que tu as une idée ?
Après, nous allons voir « Arrêtez-moi » au cinéma. La séance est à 22h15. Les critiques sur ce film sont positives, alors j'ai envie de le voir. Après, si Léo et Justine sont motivés, nous irons danser. Est-ce que tu veux venir avec nous ?

Réponds-moi avant jeudi midi, je veux réserver les places de cinéma jeudi, à 19h00.

Vincent

Répondez aux questions

1. • **Vincent vous invite pour célébrer...** ..../1 point
   a. ❏ le départ
   b. ❏ la promotion   de son cousin Léo.
   c. ❏ l'anniversaire

2. • **Vincent vous donne rendez-vous à...** ..../1 point
   a. ❏ 19h00.
   b. ❏ 20h00.
   c. ❏ 22h15.

3. • **Pourquoi Vincent veut-il voir « Arrêtez-moi » ?** ..../1,5 point

4. • **Où Vincent veut-il aller après le cinéma ?** ..../1 point
   a. ❏ Au musée.
   b. ❏ À la maison.
   c. ❏ À la discothèque.

5. • **Jusqu'à quand pouvez-vous répondre à Vincent ?** ..../1,5 point

Évaluez vos réponses à la page suivante.

a
C comme... contrôler la compréhension des écrits

Proposition de correction

Après avoir réalisé les activités, vous pouvez évaluer vos réponses à l'aide de la proposition de correction.

II Comprendre un message

ACTIVITÉ 1

Pour l'activité que vous venez de réaliser, avez-vous bien répondu ?

1 • b.	......../1 point
2 • b.	......../1 point
3 • (Car/Parce que) les critiques sont positives/c'est un bon film.	......../1,5 point
4 • c.	......../1 point
5 • Jeudi (midi).	......../1,5 point

Vous avez moins de 3 points ? Regardez les conseils ci-dessous et p. 45 et entraînez-vous avec les activités p. 50 à 99.

ACTIVITÉ 1

Vous êtes en France. Vous recevez un courriel de votre ami français.

Répondez aux questions

> Chaque exercice évalue un objectif. Ici, il faut comprendre un message personnel envoyé par votre ami français.

1 • Vincent vous invite pour célébrer...
  a. ☐ le départ
  b. ☒ la promotion   de son cousin Léo.
  c. ☐ l'anniversaire

2 • Vincent vous donne rendez-vous à...
  a. ☐ 19h00.
  b. ☒ 20h00.
  c. ☐ 22h15.

> Ici, on vous demande d'identifier une heure. Lisez bien le texte, il contient 3 horaires différents. Mais il y a une seule bonne réponse pour l'heure du rendez-vous.

3 • Pourquoi Vincent veut-il voir « Arrêtez-moi » ?
  (Car/Parce que) les critiques sont positives/c'est un bon film.

> Il faut justifier pour quelle raison Vincent veut voir ce film.

4 • Où Vincent veut-il aller après le cinéma ?
  a. ☐ Au musée.
  b. ☐ À la maison.
  c. ☒ À la discothèque.

> Ici, il faut trouver un lieu. Mais, dans le texte, le lieu n'est pas cité avec les mêmes mots. Si vous lisez bien, vous verrez : « Après, [...] nous irons danser. » Cette phrase est une façon de dire que vos amis iront à la discothèque.

5 • Jusqu'à quand pouvez-vous répondre à Vincent ?
  Jeudi (midi).

> Il faut identifier le moment limite pour envoyer une réponse à Vincent. Ici, c'est le jour. Vous devez répondre « jeudi ». (Vous pouvez préciser « midi ». Mais ce n'est pas obligatoire.)

PARTIE 2

D comme... DELF

Pour préparer l'épreuve de compréhension écrite, réalisez les activités suivantes.
Pensez à appliquer les recommandations données p. 45.

I Comprendre des documents courts

A. Choisir une activité

ACTIVITÉ 1

Vous êtes en France. Vous choisissez une activité sportive avec vos amis français.

Annonce n° 1
La Halle des Sports propose des activités variées : course à pied, cyclisme, etc. Inscriptions : salle 111, de 9h à 19h.

Annonce n° 4
Cours de karaté, judo et taekwondo tous les après-midis, du lundi au vendredi. Cours pour adultes débutants le jeudi.

Annonce n° 2
L'Espace *Adrénaline* propose un cours de parachutisme. Sensations fortes garanties ! Renseignements et inscription : Mme Sybille Bocquet, 06 10 73 94 13.

Annonce n° 5
L'équipe de football de Saint-Vaillant recherche deux nouveaux coéquipiers. Pour plus d'informations, appelez M. Faillon au 01 37 78 82 74.

Annonce n° 3
Cours de natation tous les matins. Pour plus de renseignements, appelez la piscine Veillon au 02 34 18 20 12.

Écrivez le numéro de l'annonce qui correspond à chaque personne.

	Annonce n° :
a. Adrien veut faire un sport aquatique.	
b. Thaïs préfère les sports collectifs.	
c. Amandine a envie de faire un sport individuel.	
d. Sandra est passionnée par les sports extrêmes.	
e. Michel veut découvrir un sport de combat.	

Compréhension des ÉCRITS

ACTIVITÉ 2

Vous êtes à Montréal. Vous choisissez une activité avec vos amis québécois.

Activité n° 1
Soirée Karaoké
Venez interpréter vos chansons préférées.
Ce soir, vous êtes la star !

Activité n° 2
La nuit des musées
Samedi, les musées sont ouverts toute la nuit.
Admirez tous les arts jusqu'à 7 heures du matin.

Activité n° 3
La nuit du shopping
Toutes les boutiques seront ouvertes jusqu'à minuit samedi soir.

Activité n° 4
Festival 100% Rock, Pop & Electro
Vendredi, samedi et dimanche :
20 spectacles, toute la journée.

Activité n° 5
Festival Danceteria
Ballet classique, samba, salsa, tango, breakdance…
Trouvez votre style !

Écrivez le numéro de l'activité qui correspond à chaque personne.

	Activité n° :
a. Julia veut chanter.	
b. Pauline adore les concerts.	
c. Mélanie aime les vêtements.	
d. Marie est passionnée par la danse.	
e. Louis adore la peinture et la sculpture.	

49

PARTIE 2

D comme... DELF

ACTIVITÉ 3

Vous êtes en France. Vous choisissez un film avec vos amis français.

Film n° 1 — LE ROI GUERRIER
L'histoire de François Ier, Roi de France de 1515 à 1547.

Film n° 2 — Le trésor
Jean découvre une carte au trésor. Il part voyager dans le monde entier pour le trouver.

Film n° 3 — Une rencontre
L'histoire d'amour de deux personnes qui se rencontrent dans le métro à Paris.

Film n° 4 — Chansons fraternelles
L'histoire de deux frères qui expriment leurs émotions d'une manière particulière : ils chantent !

Film n° 5 — La vie des insectes
La véritable histoire des insectes : leur vie et leur évolution sur la planète Terre.

Écrivez le numéro du film qui correspond à chaque personne.

	Film n° :
a. Sarah aime les films romantiques.	
b. Caroline aime les documentaires animaliers.	
c. Simon adore les films historiques.	
d. Pierre préfère les films d'aventure.	
e. Alexandre adore les comédies musicales.	

Compréhension des ÉCRITS

ACTIVITÉ 4

Vous êtes en Belgique. Vos amis belges doivent choisir une activité proposée par le centre culturel de votre quartier.

Activité n° 1
Vous voulez apprendre à jouer de la guitare ? Le Centre Culturel propose un cours d'initiation le mardi soir.

Activité n° 2
Développez votre créativité sur scène : nuit d'improvisation théâtrale mercredi à 21h00.

Activité n° 3
Exprimez vos émotions avec la danse classique ou la danse moderne.

Activité n° 4
Apprenez à faire des plats délicieux et variés : quiches, tartes, terrines.

Activité n° 5
Pour découvrir de nouveaux livres, inscrivez-vous au club *Papyrus* !

Écrivez le numéro de l'activité qui correspond à chaque personne.

	Activité n° :
a. David adore le théâtre.	
b. Roseline aime la cuisine.	
c. Hourya veut faire de la musique.	
d. Nathan adore la lecture.	
e. Lydie aime toutes les danses.	

PARTIE 2

D comme... DELF

ACTIVITÉ 5

Vous êtes à Paris, en France. Vous voulez aller dans un musée avec vos amis. Vous lisez ces annonces sur un site internet. Quel musée allez-vous proposer à vos amis ?

Musée n° 1
Musée du Quai Branly
Pour découvrir les arts d'Afrique, d'Amérique, d'Asie et d'Océanie.

Musée n° 2
CITÉ DES SCIENCES ET DE L'INDUSTRIE
Expériences pour comprendre les sciences et les technologies.

Musée n° 3
Musée national du Moyen-Âge
Venez admirer les collections médiévales dans un hôtel du XVe siècle.

Musée n° 4
Musée de la musique
900 instruments de musique.
Ateliers de découverte et d'apprentissage.

Musée n° 5
MUSÉE GRÉVIN
Acteurs, musiciens, sportifs…
Venez voir les statues de cire de vos stars préférées !

Écrivez le numéro du musée qui correspond à chaque personne.

	Musée n° :
a. Isma joue de la guitare.	
b. Élodie est passionnée d'histoire.	
c. Sébastien fait des études scientifiques.	
d. Léa aime les œuvres d'art du monde entier.	
e. Daoud est fan d'un footballeur français célèbre.	

Compréhension des ÉCRITS

ACTIVITÉ 6

Vous visitez Bruxelles avec des amis belges. Vous choisissez un lieu à visiter.

Lieu n° 1
Le CENTRE BELGE DE LA BANDE DESSINÉE est ouvert de 9h à 19h.
Visite guidée de la collection *Tintin*.

Lieu n° 4
Visite du *Parlement européen*
du lundi au jeudi,
à 9h30, 11h00, 14h00 ou 15h30.
Durée de la visite : 1h30.

Lieu n° 2
Découvrez l'exposition temporaire du Musée du Cinquantenaire : l'œuvre du peintre et architecte Henri Van de Velde.

Lieu n° 5
VENEZ DÉGUSTER LES MOULES-FRITES, LA CÉLÈBRE SPÉCIALITÉ DE LA CUISINE BELGE.

Lieu n° 3
l'Atomium est le monument destiné aux amoureux de la science.
Visite guidée et exposition permanente en 6 langues.

Écrivez le numéro du lieu qui correspond à chaque personne.

	Lieu n° :
a. Mathieu adore lire.	
b. Antoine est un passionné de sciences.	
c. Laura aime l'art.	
d. Jérémy est un amateur de gastronomie.	
e. Hélène aime la politique.	

PARTIE 2

D comme... DELF

ACTIVITÉ 7

Vous vivez en Guyane. Vos amis viennent vous rendre visite. Quelle activité allez-vous leur proposer ?

Activité n° 1 — Riché and Kaw
Faites un tour de barque pour observer les fleuves, la forêt et les animaux guyanais.
→ Réservations au 05 94 28 05 37.

Activité n° 2 — Centre aquatique de Matoury
Profitez des loisirs aquatiques en famille : une grande piscine, des toboggans, un espace adapté pour les enfants...

Activité n° 3 — CANOPÉE GUYANE
PRENEZ VOTRE HAMAC ET DORMEZ DANS UN CARBET DANS LA FORÊT AMAZONIENNE !
APPELEZ LE 05 94 32 33 21 POUR RÉSERVER.

Activité n° 4 — CRIOLO RANCH
Pour faire de belles balades à cheval.
Tél. : 05 94 32 33 21

Activité n° 5 — Centre culturel Mama Bobi à Apatou
Pour découvrir la culture et les traditions des sociétés issues du Marronnage.

Écrivez le numéro de l'activité qui correspond à chaque personne.

	Activité n° :
a. Marie a envie de découvrir la faune et la flore guyanaises.	
b. Isabelle a envie d'en savoir plus sur la culture et l'histoire guyanaises.	
c. Sylvain adore nager avec ses enfants.	
d. Lucie adore monter à cheval.	
e. Olivier a envie de dormir dans la forêt.	

Compréhension des ÉCRITS

B. Choisir une offre

ACTIVITÉ 8

Vous êtes à Genève, en Suisse. Vous voulez voyager avec vos amis. Vous cherchez des voyages sur Internet. Quelles propositions allez-vous faire à vos amis ?

Voyage n° 1
→ Paris, France ←
Venez visiter la capitale de la France et ses musées, ses théâtres...

Voyage n° 2
→ Dakar, Sénégal ←
Découvrez la culture musicale africaine avec des cours de Djembé.

Voyage n° 3
→ Essaouira, Maroc ←
Venez découvrir les souks, les marchés et goûter les plats traditionnels.

Voyage n° 4
→ Fort-de-France, Martinique ←
Profitez des belles plages au sable fin. Admirez les poissons des Caraïbes dans une eau turquoise !

Voyage n° 5
→ Québec, Canada ←
Pour des activités sportives hivernales intenses ! Patinage, hockey, ski...

Écrivez le numéro du voyage qui correspond à chaque personne.

	Voyage n° :
a. Arash aime faire des activités culturelles.	
b. Luc pratique beaucoup de sports.	
c. Mahmoud aimerait nager et faire de la plongée.	
d. Émilie adore faire de la musique.	
e. Roselyne préfère découvrir la gastronomie d'autres pays.	

PARTIE 2

D comme... DELF

ACTIVITÉ 9

Vous étudiez en France. Vous conseillez un menu à vos amis français.

Menu n° 1
La meilleure pizza italienne se trouve chez Luigi.
Pour une pizza de 12 € achetée, – 40% sur la 2e pizza.

Menu n° 2
Formule CAFÉ ET CROISSANT
3,00 €
tous les matins de 6h00 à 11h00

Menu n° 3
Menu « produits de la mer » (pour 2 personnes) : 46 €
Soupe Miso
Plateau de sushis et de makis
Dessert

Menu n° 4
MENU DU JOUR :
Soupe de poivrons
Crumble de courgettes
Fondant au chocolat
13,50 €

Menu n° 5
Menu pas cher à emporter :
Formule sandwich Jambon beurre + boisson
5,50 €

Écrivez le numéro du menu qui correspond à chaque personne.

	Menu n° :
a. Laurence ne veut pas manger de viande.	
b. Le petit-déjeuner est le repas préféré de Guillaume.	
c. Sébastien adore le poisson.	
d. Éric veut manger au parc.	
e. Antony et Charlène aiment la nourriture italienne.	

Compréhension des ÉCRITS

ACTIVITÉ 10

Vous êtes au restaurant avec des amis, en France.
Vous voyez ces plats sur un menu. Qu'allez-vous proposer à vos amis ?

1. **BŒUF BOURGUIGNON**
   Viande de bœuf avec des pommes de terre et des carottes

2. **FONDANT AU CHOCOLAT**
   Gâteau au chocolat presque liquide à l'intérieur

3. **SPAGHETTI AU PESTO À L'ITALIENNE**
   Pâtes avec une sauce au basilic

4. **SORBET AU CASSIS**
   Glace aux fruits rouges

5. **PAELLA**
   Riz épicé avec des crevettes

Écrivez le numéro du plat qui correspond à chaque personne.

	Plat n° :
a. Alice adore les gâteaux.	
b. Luc aime les plats italiens.	
c. Estelle aime la viande.	
d. Sébastien adore les fruits de mer.	
e. Hassen préfère les desserts frais.	

D comme... DELF

ACTIVITÉ 11

Vous lisez ces offres sur un catalogue d'un grand magasin en France. Quelles offres allez-vous proposer à vos amis ?

Offre n° 1 — 50 % SUR L'ÉLECTRO-MÉNAGER TOUT LE WEEK-END !

Offre n° 2 — Retrouvez le film *Amour* en DVD !

Offre n° 3 — Pour tout téléphone acheté, la housse de protection est offerte !

Offre n° 4 — 30 % sur les pantalons jusqu'au 7 juin !

Offre n° 5 — 10 € DE RÉDUCTION EN BONS D'ACHAT POUR 150 € D'ACHATS DANS VOTRE SUPERMARCHÉ !

Écrivez le numéro de l'offre qui correspond à chaque personne.

	Offre n° :
a. Maïra veut faire les courses.	
b. Élodie aime les films romantiques.	
c. Mathias veut s'acheter une télévision.	
d. Aymeric a envie de changer de mobile.	
e. Eva aimerait s'acheter de nouveaux vêtements.	

Compréhension des ÉCRITS

ACTIVITÉ 12

Vous êtes en France. Vous regardez un catalogue pour offrir un cadeau à plusieurs amis. Quel cadeau allez-vous choisir ?

Cadeau n° 1
CHAUSSURES DE LOISIR RIBIC,
pour un style chic et décontracté !
Prix : 59 €

Cadeau n° 3
Jeu Devin'up ! Faites deviner des objets,
des animaux, des métiers à vos amis !
Prix : 19 €

Cadeau n° 2
ROBE ZARAH
Bleue ou noire
Tailles : du 34 au 44
Prix : 39 €

Cadeau n° 4
Lot de 3 pyjamas
avec des éléphants.
Tailles : naissance à 6 mois.
Prix : 23 €

Cadeau n° 5
Livre *Du côté de chez Swan*,
un grand classique
de Marcel Proust.
Belle édition reliée.
Prix : 27 €

Écrivez le numéro du cadeau qui correspond à chaque personne.

	Cadeau n° :
a. Catherine est passionnée de littérature.	
b. Dorothée a eu un bébé la semaine dernière.	
c. Maud adore les vêtements.	
d. Jonathan aime faire des jeux de société.	
e. Olivier a besoin de s'acheter de nouvelles chaussures.	

PARTIE 2

D comme... DELF

II Comprendre un message

A. Message d'un ami ou d'un collègue

ACTIVITÉ 2

Vous êtes en France. Un ami français vous envoie ce message.

De : paul@abc.fr
Objet : Samedi soir

Salut !

Je t'écris pour samedi soir. Rendez-vous à 20h30. Rose a réservé au restaurant « L'Arlésienne ». Pour le trouver, va à la place Plumereau et prends la rue Denis Diderot. C'est la rue entre la confiserie et le fleuriste.

Nous prendrons le menu *Spécial groupes* pour 20 € par personne. Un apéritif coûte environ 10 € et le gâteau d'anniversaire, 25 €.

Attention ! C'est l'anniversaire-surprise de Nathalie, elle ne sait pas que tous ses amis seront au restaurant ! Si elle te demande si tu es libre samedi, dis-lui que tu n'es pas disponible !
Si tu apportes un cadeau, nous pouvons le mettre dans une petite salle du restaurant. Le patron est d'accord.

À samedi !

Paul

PS : si tu as une allergie alimentaire, appelle-moi avant samedi midi !

Répondez aux questions.

1. Vous avez rendez-vous devant...
   a. ☐ le fleuriste.
   b. ☐ la confiserie.
   c. ☐ le restaurant.

2. Combien coûtera le menu ?
   a. ☐ 10 €.
   b. ☐ 20 €.
   c. ☐ 30 €.

3. Si Nathalie veut vous voir samedi soir, vous devrez...
   a. ☐ refuser son invitation.
   b. ☐ confirmer votre présence.
   c. ☐ proposer de venir au restaurant.

4. Où pourrez-vous laisser votre cadeau ?

5. Jusqu'à quand pourrez-vous appeler Paul ?

Compréhension des ÉCRITS

ACTIVITÉ 3

Vous êtes en France. Vous recevez un courriel de votre amie française.

De : delphine.lagorge@abc.fr
Objet : Aniversaire

Salut !
J'espère que tu vas bien. Comme tu le sais déjà, c'est mon anniversaire le samedi 20. Je t'invite à venir le célébrer avec ma famille et mes amis. La fête commence chez moi, à 20h30.
Ma sœur Virginie et Abdel viennent à 18h30 pour m'aider. Tu peux venir avec eux si tu veux. Nous allons bouger les meubles du salon pour faire de l'espace et danser. Virginie va faire mon gâteau d'anniversaire (je crois qu'elle va faire un gâteau à l'ananas et au caramel !). Est-ce que tu pourras apporter du jus de fruits et du soda ?

Réponds-moi mercredi soir, avant 19h30, parce que je vais acheter la nourriture jeudi matin.

À bientôt,

Delphine

Répondez aux questions.

1. **Pour quelle occasion Delphine vous invite-elle ?**

   ....

2. **Quand vous invite-elle ?**

   ....

3. **Virginie et Abdel arrivent à** .... h ....

4. **Delphine vous demande d'apporter…**
   a. ☐ un gâteau.
   b. ☐ des fleurs.
   c. ☐ des boissons.

5. **Vous devez envoyer un message à Delphine…**
   a. ☐ mercredi.
   b. ☐ jeudi.
   c. ☐ samedi.

PARTIE 2

D comme... DELF

Jeudi 12 jan 2017

ACTIVITÉ 4

Vous recevez ce message d'une très bonne amie française.

De : Lauriane@courriel.fr
Objet : mariage

Salut !
Tu vas bientôt recevoir une carte d'invitation officielle, mais je te donne les informations sur mon mariage avant tout le monde ! Les invités doivent s'habiller en rouge et noir.
Nous avons rendez-vous devant la mairie à 14h15. La cérémonie commence à 15h00. Après, vers 16h30, nous irons chez mes parents pour le vin d'honneur*. J'ai invité des collègues de travail et des voisins. Nous serons 100 personnes dans le jardin ! Ensuite, nous irons au château du village pour le dîner et la fête. L'apéritif sera à 19h00 et le repas à 20h30.
Pour l'animation, DJ Sonix s'occupera de la musique. N'oublie pas de lui dire le titre de ta chanson préférée. Nous allons danser toute la nuit !

À samedi,

Lauriane

* Le vin d'honneur est un apéritif après la cérémonie de mariage. C'est la première partie de la fête.

Répondez aux questions.

1. Comment devez-vous vous habiller le jour du mariage de Lauriane ?

2. À quelle heure est la cérémonie ?
   a. ☐ 14h15.
   b. ☐ 15h00.
   c. ☐ 16h30.

3. Combien de personnes sont invitées ?

4. Où aura lieu le dîner ?
   a. ☐ À la mairie.
   b. ☐ Au château.
   c. ☐ Chez Lauriane.

5. Quelle information devez-vous communiquer à DJ Sonix ?

Compréhension des ÉCRITS

ACTIVITÉ 5

Vous recevez ce message de votre amie Agnès.

De : agnes@fmail.com
Objet : nouvelle

Salut !

Comment ça va ?

J'ai une super nouvelle à t'annoncer ! Je pars vivre au Cameroun ! J'ai réussi à avoir un travail à l'université de Bamenda. C'est super, non ? Charles va venir avec moi. Tous les deux, on est très contents, mais nos familles sont un peu tristes car on part loin. Mes cousins ont été très surpris par cette nouvelle, mais ils sont finalement heureux pour nous. On a pris nos billets d'avion pour le 2 avril.
J'organise une petite fête le 29 mars pour mon départ. Je vais réserver le restaurant *l'Étoile* pour l'occasion.
Tu viendras ? Si tu viens, est-ce que tu peux apporter ton appareil photo ? Je crois que j'ai perdu le mien…

J'espère que tu vas pouvoir venir !

Agnès

Répondez aux questions.

1. Agnès vous contacte pour vous…
   a. ❏ inviter.
   b. ❏ féliciter.
   c. ❏ remercier.

2. Dans quel pays va travailler Agnès ?

3. Charles est plutôt…
   a. ❏ triste.
   b. ❏ surpris.
   c. ❏ content.

4. Où Agnès vous propos-t-elle d'aller ?
   a. ❏ Chez elle.
   b. ❏ Au restaurant.
   c. ❏ À l'université.

5. Qu'est-ce qu'Agnès vous demande ?

PARTIE 2

D comme... DELF

ACTIVITÉ 6

Vous recevez ce courriel d'un ami français.

De : guillaume@fmail.com
Objet : vacances !

Salut,

Tu viens enfin passer les vacances à la maison, c'est super ! Tu vas pouvoir rencontrer mon fils, Lucas ! Tu vas voir, c'est un très beau bébé. Il grandit très vite ! Il a déjà 15 mois !
Tu arrives le 16 mai, c'est bien ça ? Tu as déjà pris ton billet de train ? Sinon, va sur le site internet www.trocdestrains.fr, c'est moins cher.
Je peux venir te chercher à la gare en voiture, si tu veux. Je suis disponible jusqu'à 14 heures le 16 mai, mais pas après, car je dois aller chez le dentiste. Si tu arrives après 14 heures, tu peux prendre le bus numéro 3 à la gare routière direction « Mairie ». Il faut descendre à l'arrêt « Boulevard Clémentel ». Ma femme viendra t'attendre à l'arrêt de bus. C'est à 5 minutes de la maison.

À bientôt !

Guillaume

Répondez aux questions.

1. **Quel âge a Lucas ?**

   ....

2. **Guillaume vous conseille d'acheter votre billet...**
   a. ❏ à la gare.
   b. ❏ sur Internet.
   c. ❏ par téléphone.

3. **Guillaume peut venir vous chercher à la gare avant...**
   a. ❏ 14 h 00.
   b. ❏ 15 h 00.
   c. ❏ 16 h 00.

4. **Pourquoi Guillaume n'est pas disponible après cette heure ?**

   ....

5. **Si vous prenez le bus, à quel arrêt devez-vous descendre ?**
   a. ❏ Mairie.
   b. ❏ Gare routière.
   c. ❏ Boulevard Clémentel.

Compréhension des ÉCRITS

ACTIVITÉ 7

Vous êtes en France. Vous recevez ce message d'un ami.

De : farid@fmail.com
Objet : festival

Salut,

Ça va ?
Je t'écris pour te demander si es intéressé pour venir à un festival de musique avec Maud et moi. Ça s'appelle « Chorus », et c'est près de Paris. C'est organisé par le Conseil général des Hauts-de-Seine. C'est vraiment intéressant car il y a différents styles de musique : musique française, rock, techno, musiques du monde…
Ça commence le 6, et ça dure 15 jours, jusqu'au 20 ! Il faut choisir un jour et un artiste qui nous intéressent. Maud voudrait voir Benjamin Biolay le 9 ou Imany le 10. Moi, j'aimerais bien voir Abd Al Malik le 19.
Il y a même des concerts pour enfants ! Si tu veux, tu peux regarder la programmation sur http://chorus.hauts-de-seine.net pour emmener ta petite cousine !

Réponds-moi vite !

Farid

Répondez aux questions.

1. **Farid vous contacte pour…**
   a. ☐ vous demander un service.
   b. ☐ vous proposer quelque chose.
   c. ☐ vous conseiller quelque chose.

2. **Qui organise ce festival ?**

3. **Pourquoi Farid trouve le festival intéressant ?**

4. **Quand est le concert d'Imany ?**
   a. ☐ Le 9.
   b. ☐ Le 10.
   c. ☐ Le 19.

5. **Farid voudrait voir le concert de…**
   a. ☐ Imany.
   b. ☐ Abd Al Malik.
   c. ☐ Benjamin Biolay.

PARTIE 2

D comme... DELF

ACTIVITÉ 8

Vous recevez ce message d'un ami que vous avez rencontré en Suisse.

De : khalil@fmail.com
Objet : DELF

Salut,

Comment vas-tu ?
Je crois que tu vas bientôt passer ton examen de français, le DELF A2, non ?
Je voulais te dire que j'ai fait le DELF B1 la semaine dernière ! Je crois que ça s'est bien passé… Enfin, j'espère ! La partie écrite est passée très vite, mais j'ai réussi à répondre à toutes les questions, c'était facile, alors je suis content. L'oral est difficile parce qu'il faut faire un exposé et parler avec les professeurs examinateurs. J'étais un peu stressé au début, mais heureusement, les examinateurs étaient très sympas avec moi, alors j'ai réussi à parler et je pense que j'ai bien réussi. Je vais avoir la note à la fin du mois !
N'oublie pas de m'appeler après ton examen !

À bientôt,
Khalil

Répondez aux questions.

1. **Khalil vous écrit pour vous…**
   a. ☐ donner des indications.
   b. ☐ raconter quelque chose.
   c. ☐ proposer quelque chose.

2. **Qu'est-ce que Khalil a passé la semaine dernière ?**

3. **Maintenant, il se sent plutôt…**
   a. ☐ stressé.
   b. ☐ satisfait.
   c. ☐ mécontent.

4. **Il a trouvé l'oral…**
   a. ☐ plus
   b. ☐ moins   difficile que l'écrit.
   c. ☐ aussi

5. **Quand Khalil aura les résultats ?**

Compréhension des ÉCRITS

B. Message d'un établissement ou d'une société

ACTIVITÉ 9

Vous êtes en France. Vous recevez ce courriel.

De : commandes@informatik.fr
Objet : votre commande

Bonjour,

Vous avez commandé une imprimante de la marque *Imprim'tout* (prix : 90 €) et une clé USB noire de la marque *Sauv'tout* (prix : 12 €). Le total de la commande est de 102 € et les frais d'envoi de 20 €. Votre imprimante est disponible, nous vous l'envoyons aujourd'hui. Malheureusement, nous n'avons pas de clé USB de couleur noire. Il faut attendre une semaine si vous voulez cette couleur. Si vous ne voulez pas attendre, nous annulerons une partie de la commande et nous vous rembourserons 12 €.
Pour nous excuser pour ce retard, nous vous offrons un bon de réduction de 10 €. Merci pour votre compréhension.

Cordialement,

Allain Calloux
Responsable des commandes chez *Informatik.fr*

Répondez aux questions.

1. **Qui vous envoie ce courriel ?**
   a. ☐ Un magasin de meubles.
   b. ☐ Un magasin de musique.
   c. ☐ Un magasin multimédia.

2. **Quel article est disponible ?**
   ....

3. **Il n'y pas de clé USB...**
   a. ☐ du modèle
   b. ☐ de la marque   que vous voulez.
   c. ☐ de la couleur

4. **La clé USB coûte...**
   a. ☐ 10 €.
   b. ☐ 12 €.
   c. ☐ 20 €.

5. **Pour s'excuser, *Informatik.fr* vous offre...**
   ....

PARTIE 2

D comme... DELF

ACTIVITÉ 10

Vous êtes en France. Vous recevez ce message de la piscine municipale.

De : isabelle@piscine-munip.fr
Objet : Votre abonnement

Bonjour,

Je vous rappelle que votre abonnement annuel à la piscine se termine dans un mois. Cette année, l'abonnement est de 60 €. Nous vous offrons une réduction de 20 % si vous renouvelez votre abonnement cette semaine.

Je vous informe que nous proposons deux nouveaux cours cette année : l'aquagym et l'aqua-extrême. L'aquagym permet de se muscler doucement. L'aqua-extrême est beaucoup plus dynamique. Vous pouvez essayer ces deux activités gratuitement le samedi 30, entre 10h00 et 17h00. Il y aura un cours toutes les heures. Pour vous inscrire, envoyez un message à info@piscine-munip.fr ou appelez le 04 68 73 17 38.

Cordialement,

Isabelle

Répondez aux questions.

1. L'employée de la piscine municipale vous contacte parce que votre abonnement...
   a. ☐ est terminé.
   b. ☐ est renouvelé.
   c. ☐ va se terminer.

2. L'abonnement coûte...
   a. ☐ 20 €.
   b. ☐ 30 €.
   c. ☐ 60 €.

3. Pour bénéficier de la réduction, vous devez...
   ....

4. À quelle date pouvez-vous tester un cours d'aquagym ?
   ....

5. Par quel moyen vous pouvez vous inscrire ?
   a. ☐ Fax.
   b. ☐ Téléphone.
   c. ☐ Courrier postal.

Compréhension des ÉCRITS

ACTIVITÉ 11

Vous recevez ce message du centre francophone de votre ville.

> De : auguste.lebreton@ecole-francophone.fr
> Objet : activités culturelles
>
> Bonjour,
>
> Je vous envoie des informations sur les activités culturelles de l'école francophone de samedi.
>
> L'après-midi, il y a un atelier de théâtre de 14h00 à 18h00 dans la salle Ionesco. Nous ouvrons le groupe pour 12 participants. Le tarif est de 9 euros.
>
> Le soir, à 20h00 dans la salle de spectacles de l'école, le groupe *Théâtre Dynamique* donne une représentation de « L'Avare », la célèbre pièce de Molière. La place est de 5 euros. La pièce sera représentée dans la cour.
>
> Si vous préférez le cinéma, rendez-vous dans la salle de projection, où vous pouvez voir « L'auberge espagnole » à 17h00 et juste après « Astérix et Obélix : mission Cléopâtre » à 19h00. La participation est de 2 euros par film.
>
> Les inscriptions se font à l'accueil de l'école entre 9h00 et 20h00.
>
> À bientôt,
>
> Auguste Lebreton
> Service culturel de l'école francophone

Répondez aux questions.

1. Combien de personnes peuvent participer à l'atelier de théâtre ?

   ....

2. Une place pour aller voir la pièce de théâtre coûte…
   a. ☐ 2 €.
   b. ☐ 5 €.
   c. ☐ 9 €.

3. Les films sont diffusés…
   a. ☐ dans la cour.
   b. ☐ dans la salle Ionesco.
   c. ☐ dans la salle de projection.

4. À quelle heure commence « L'auberge espagnole » ?
   a. ☐ À 17h00.
   b. ☐ À 18h00.
   c. ☐ À 19h00.

5. À quel endroit vous devez vous présenter pour vous inscrire aux activités culturelles ?

   ....

PARTIE 2

D comme... DELF

ACTIVITÉ 12

Vous vivez en France. Vous recevez ce courrier.

> Bonjour,
>
> Vous profitez actuellement de notre abonnement téléphone + Internet + télévision à 31,90 € par mois.
> Du 5 au 12 octobre, profitez de 4 nouvelles chaînes de télévision gratuitement :
> – *TV voyages* pour découvrir des paysages du monde entier.
> – *TV 4 heures* avec des programmes pour les enfants.
> – *TV ciné* pour regarder des films récents.
> – *TV info* pour voir les informations internationales 24 heures sur 24.
> Si, après la période gratuite, vous êtes satisfait et vous voulez garder ces chaînes, vous pouvez contacter un conseiller par téléphone en appelant le 1324. Les 4 chaînes vous coûteront alors 8 € par mois.
> Nous vous remercions de votre confiance.
>
> Bien cordialement,
>
> Estelle Bobinot,
> Directrice Service client

Répondez aux questions.

1. À partir de quelle date commence l'offre gratuite ?

2. Quelle chaîne est faite pour le jeune public ?
   a. ☐ TV ciné.
   b. ☐ TV voyages.
   c. ☐ TV 4 heures.

3. Sur TV info, vous pouvez voir...
   a. ☐ des nouvelles.
   b. ☐ des dessins animés.
   c. ☐ des séries télévisées.

4. Qui pouvez-vous contacter si vous êtes satisfait ?

5. Ce service vous coûtera...
   a. ☐ 8 €
   b. ☐ 24 €   ...par mois
   c. ☐ 31,90 €

Compréhension des ÉCRITS

jeudi 26 janvier

ACTIVITÉ 3

Vous lisez cet article dans un magazine français.

AU REVOIR LE STRESS !

Suivez les conseils des professionnels pour rester calme avant les périodes de tests et d'examens :

1 • Mangez équilibré !

Évitez les boissons comme les sodas ou le café. Préférez des boissons plus douces comme de l'eau avec du citron. Mangez beaucoup de pâtes et de céréales complètes pour avoir de l'énergie. Pensez aussi à manger du poisson de temps en temps et des fruits secs pour rester concentré.

2 • Respirez !

Il est très important d'apprendre à bien respirer. Asseyez-vous sur une chaise, mettez votre main gauche sur le ventre et respirez en gonflant le ventre.

3 • Faites du sport !

Tennis, gym, volley-ball… Choisissez le sport qui vous convient pour rester calme.

4 • Dormez bien !

Le soir, prenez un carnet et un crayon et posez-les sur votre table de nuit. Si vous avez du mal à dormir, écrivez vos pensées négatives sur le carnet et regardez-les le lendemain matin.

Vous pouvez aussi faire des exercices de respiration pour vous endormir plus facilement.

D'après *Santé Magazine*, juin 2011.

Répondez aux questions.

1 • Les conseils de cet article vous aident à…
  a. ☐ bien réviser.   b. ☐ être en forme.   c. ☐ éviter le stress.

2 • Il vaut mieux boire quelle boisson ?
  a. ☐ Du café.   b. ☐ Des sodas.   c. ☐ De l'eau citronnée.

3 • Qu'est-ce qu'il faut manger pour rester concentré ? *(Une réponse attendue)*

_____

4 • Qu'est-ce qu'on vous conseille de faire dans l'article ?
  a. ☐   b.  ☐   c. ☐

5 • Qu'est-ce qu'on vous conseille d'écrire sur le carnet ?

_____

PARTIE 2

D comme... DELF

ACTIVITÉ 4

Vous lisez cet article dans un magazine français.

Améliorez votre mémoire !

Vous avez tendance à oublier où sont vos lunettes, ou vous ne vous rappelez pas si vous avez bien fermé la porte à clé ? Des chercheurs vous donnent des conseils pour faire travailler votre mémoire.

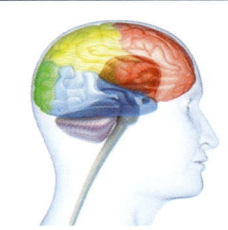

→ L'alimentation

Mangez de préférence des légumes frais et des noix. Prenez du poisson (2 à 3 fois par semaine), mais peu de viande (une fois par semaine). Buvez du thé vert, c'est très bon pour la santé et la mémoire.

→ Le sport

Faites de l'exercice physique. La course à pied et le vélo stimulent votre cerveau. Apprendre des pas de danse aide aussi à faire travailler votre mémoire. Prenez des cours de salsa, c'est très bon pour le cerveau et le moral !

→ L'activité mentale

Il faut faire des activités différentes pour stimuler sa mémoire, comme par exemple faire un Sudoku, jouer à des jeux de société en famille, regarder un DVD et raconter l'histoire du film à un ami, ou dessiner sa liste de courses au lieu de l'écrire.

D'après *Maxi*, mars 2013.

Répondez aux questions.

1. On vous conseille de manger surtout...
   - a. ☐ des fruits.
   - b. ☐ du poisson.
   - c. ☐ de la viande.

2. Qu'est-ce qu'il faut boire ?

   _____

3. Quel sport vous conseille-t-on ?
   - a. ☐ La danse.
   - b. ☐ La natation.
   - c. ☐ La gymnastique.

4. Quelle activité vous conseille-t-on de faire ?
   - a. ☐
   - b. ☐
   - c. ☐

5. Qu'est-ce que vous pouvez dessiner ?

   _____

Compréhension des ÉCRITS

ACTIVITÉ 5

Vous lisez cet article dans un journal français.

Comment bien dormir ?

Savez-vous que 20 % de la population souffre d'insomnie ? Voici quelques conseils pour mieux dormir.

Trouvez votre rythme de sommeil

Vous avez besoin de 7 heures de repos pour être en forme ? La qualité est plus importante que la quantité. En moyenne, les Français dorment 7 heures par nuit la semaine, et 8 heures par nuit le weekend. Le week-end, il est conseillé de faire une sieste dans l'après-midi au lieu de dormir très longtemps le matin.

Préférez des activités calmes avant de dormir

Votre enfant n'arrive pas à s'endormir ? Racontez-lui une histoire avant de le coucher. Évitez les activités et jeux trop énergiques comme les jeux vidéo qui énervent l'enfant.

Que faire en cas d'insomnie ?

Si vous n'arrivez pas à dormir, ne restez pas dans votre lit. Levez-vous, lisez un livre, et retournez au lit quand vous êtes fatigué.

Créez une ambiance qui aide à bien dormir

Choisissez des couleurs chaudes et reposantes pour la peinture des murs.
Rangez votre chambre, ne laissez pas vos papiers sur le bureau !

D'après *Métro*, 22 mars 2013.

Répondez aux questions.

1. En moyenne, combien d'heures par nuit dorment les Français pendant la semaine ?

2. Le week-end, il est conseillé de…
   a. ☐ se lever tôt.   b. ☐ faire une sieste.   c. ☐ dormir tard le matin.

3. Qu'est-ce qu'on vous conseille de faire avant de coucher votre enfant ?

4. Qu'est-ce qu'on vous conseille de faire dans l'article ?
   a. ☐   b.  ☐   c. ☐

5. Il faut peindre les murs de sa chambre avec des couleurs…
   a. ☐ vives.   b. ☐ douces.   c. ☐ froides

PARTIE 2

D comme... DELF

ACTIVITÉ 6

Vous lisez cet article sur un site Internet francophone.

CHOISIR UN MÉTIER
Trouver le métier qu'on veut faire n'est pas facile.
Voici quelques conseils pour vous aider dans vos recherches.

1 Faire des recherches
Allez sur Internet pour avoir des informations sur le métier qui vous intéresse. N'hésitez pas à poser des questions à un professionnel.

2 Faire des stages
On a parfois des idées théoriques sur un métier. Mais quand on voit comment ça se passe dans la réalité, on peut parfois changer d'avis. Avant de faire une formation, il est conseillé de faire un stage d'observation pour découvrir le côté pratique du métier.

3 Bien choisir sa formation
Quand on a trouvé une profession qui nous intéresse, il faut ensuite chercher la formation qui est la plus adaptée. Il est nécessaire de penser à une autre solution si on ne peut pas suivre la formation qu'on a choisie.

4 Être déterminé
Quand vous avez choisi votre plan d'action, mettez toute votre énergie à le réaliser. Restez concentré et regardez plutôt les aspects positifs pour pouvoir toujours trouver des solutions.

D'après http://www.magazinemodedemploi.com

Répondez aux questions.

1. Où vous conseille-t-on de chercher des informations ?
   a. ☐   b.  ☐   c. ☐

2. À qui pouvez-vous poser des questions ?
   ....

3. Pour mieux comprendre la réalité du travail, on vous propose de...
   a. ☐ lire la presse.
   b. ☐ faire un stage.
   c. ☐ suivre une formation.

4. Quand vous cherchez une formation, on vous conseille de penser...
   a. ☐ aux stages proposés.
   b. ☐ à une deuxième solution.
   c. ☐ aux points positifs et négatifs.

5. Qu'est-ce qu'on vous demande de regarder pour pouvoir trouver des solutions ?
   ....

Compréhension des ÉCRITS

B. Des règlements et des modes d'emploi

ACTIVITÉ 7

Vous êtes en France. Vous consultez des informations à l'entrée de la piscine municipale.

PISCINE MUNICIPALE

Horaires : Lundi et mercredi : 10h – 20h
Mardi, jeudi et vendredi : 10h – 21h
Samedi et dimanche : 10h – 19h

Bassins : Bassin « grand bain » : 2,10 mètres de profondeur.
Réservé aux nageurs.
Bassin « petit bain » : 0,95 mètre de profondeur.
Réservé aux non-nageurs et aux nageurs débutants.

Tarifs : Adultes : Ticket à l'unité : 4,80 €
Carnet de 10 tickets : 38 €
Enfants (6-16 ans) :
Ticket à l'unité : 2,50 €
Carnet de 10 tickets : 19 €
Enfants de 5 ans et moins : gratuit

Règlement intérieur

– Vous devez présenter un ticket valide pour entrer à la piscine.
– Le maillot de bain est obligatoire. Les shorts et les bermudas sont interdits.
– Les baigneurs doivent quitter le bassin et retourner aux vestiaires un quart d'heure avant la fermeture.
– Il est interdit de boire et de manger dans les vestiaires et dans la salle des bassins.
– Les mineurs doivent être surveillés par leurs parents.

Répondez aux questions.

1. Quand est-ce que la piscine ferme à 19h00 ?

   ....

2. Quel le prix d'un ticket à l'unité pour un usager de 13 ans ?
   a. ❑ 2,50 €.
   b. ❑ 4,80 €.
   c. ❑ C'est gratuit.

3. Si vous ne voulez pas nager, quel bassin devez-vous utiliser ?

   ....

4. Quelle est la tenue obligatoire ?
   a. ❑ Le short.
   b. ❑ Le bermuda.
   c. ❑ Le maillot de bain.

5. À la piscine municipale, il est interdit de…
   a. ❑   b.  ❑   c. ❑

PARTIE 2

D comme... DELF

ACTIVITÉ 8

Vous êtes en France. Vous lisez cette affiche à l'entrée d'un cinéma.

RÈGLEMENT DU CINÉMA

- Le cinéma est un moment de détente et de plaisir :
  - j'ai un comportement correct et respectueux avec le personnel et les spectateurs,
  - je porte une tenue vestimentaire correcte, je ne dois pas être pieds nus,
  - je respecte le matériel.
- Je dois garder mon billet jusqu'à la fin de la séance. Il est valable pour une seule séance. Il n'est pas remboursable, ni échangeable.
- Il faut voir le film dans de bonnes conditions :
  - j'éteins mon téléphone portable avant le début du film,
  - je peux entrer dans la salle de cinéma jusqu'à la fin des publicités,
  - le cinéma est une zone « non fumeur ».
- Je suis responsable du spectateur mineur qui m'accompagne.
- Je dois respecter les interdictions « moins de 12 ans », « moins de 16 ans » et « moins de 18 ans ».

Programme FIDÉLITÉ

Demandez la carte de fidélité : c'est gratuit !
1 billet acheté = 1 point de gagné
5 points cumulés = 1 place offerte
Le jour de mon anniversaire = 1 place offerte

D'après http://www.cinemasgaumontpathe.com

Répondez aux questions.

1. Au cinéma, vous ne pouvez pas faire...
   a. ☐   b. ☐   c. ☐

2. Vous devez garder votre billet...
   a. ☐ jusqu'à la fin du film.
   b. ☐ pour demander une carte de fidélité.
   c. ☐ pour obtenir une boisson à petit prix.

3. Au cinéma, vous ne pouvez pas...
   a. ☐ fumer.
   b. ☐ manger des bonbons.
   c. ☐ entrer après le début du film.

4. Vous êtes responsable d'un autre spectateur s'il est...
   ....

5. Si vous avez la carte de fidélité du cinéma, combien coûte votre billet le jour de votre anniversaire ?
   ....

Compréhension des ÉCRITS

ACTIVITÉ 9

Vous êtes à Paris, en France. Vous lisez ce panneau d'affichage à l'entrée du musée du Quai Branly.

RÈGLEMENT DU MUSÉE

Le musée du Quai Branly présente des œuvres des arts et des civilisations d'Afrique, d'Asie, d'Océanie et des Amériques.

Le musée est ouvert au public les mardi, mercredi et dimanche de 11h00 à 19h00, et les jeudi, vendredi et samedi de 11h00 à 21h00. Il est fermé le lundi.
Les groupes avec réservation peuvent entrer dans le musée à 9h30.
Les enfants de moins de 12 ans doivent être accompagnés par un adulte.

Dans le musée, il est interdit :
- d'entrer avec un animal ;
- de manger et de boire ;
- d'apporter des produits dangereux ;
- d'entrer avec un grand sac.

Vous pouvez laisser vos manteaux au vestiaire (3 affaires maximum), mais attention de ne pas laisser d'argent, ni de bijoux ou d'objets de valeur.

Vous êtes autorisés à utiliser votre téléphone portable dans le hall d'accueil, mais pas dans les salles du musée.

Un service de location d'audioguides est proposé pour écouter la description des œuvres par un professionnel. Ce service est payant.

D'après http://www.quaibranly.fr

Répondez aux questions.

1. • À quelle heure ferme le musée le samedi ?
   - a. ☐ 12h00.
   - b. ☐ 19h00.
   - c. ☐ 21h00.

2. • Selon le règlement, qu'est-ce que vous ne pouvez pas faire au musée ?
   - a. ☐
   - b. ☐
   - c. ☐

3. • Combien d'affaires maximum pouvez-vous laisser au vestiaire ?

4. • Où pouvez-vous utiliser votre portable ?

5. • De quel service pouvez-vous profiter dans ce musée ?
   - a. ☐ Un audioguide.
   - b. ☐ Un accès Internet sans fil.
   - c. ☐ Un distributeur de boissons.

D comme... DELF

ACTIVITÉ 10

Vous êtes en Belgique. Vous lisez cette annonce sur internet.

Grand jeu-concours de recettes !

Réalisez votre meilleure recette et gagnez un dîner
au restaurant « Le Gourmet » d'une valeur de 80 € !

Pour participer au jeu :

- Choisissez ou inventez votre recette sur le thème des crêpes : salées ou sucrées, c'est vous qui choisissez ! Pour avoir plus de chances de gagner, prenez une recette très originale.
- Préparez vos crêpes. Pensez à bien noter les ingrédients que vous avez utilisés.
- Prenez une photo de votre recette quand vous avez terminé.
- Allez sur le site internet www.jeu-concours-recettes.fr.
- Écrivez sur le site toutes les étapes pour réaliser votre recette, et ajoutez la photo.
- Écrivez vos coordonnées (nom, prénom, adresse, numéro de téléphone) sur le formulaire en ligne.
- Cliquez sur « valider ».

Les gagnants seront choisis selon 2 critères :
l'originalité de la recette et la description de la recette.
Vous avez jusqu'au 29 juin pour jouer.

D'après http://www.jeu-concours.biz

Répondez aux questions.

1. C'est un concours…
   - a. ❑ de photo.
   - b. ❑ d'écriture.
   - c. ❑ de cuisine.

2. Vous pouvez gagner…
   - a. ❑
   - b. ❑
   - c. ❑

3. Qu'est-ce que vous devez préparer ?

4. Quel est le critère pour être sélectionné ?
   - a. ❑ La qualité de la photo.
   - b. ❑ Le bon goût des crêpes.
   - c. ❑ La description de la recette.

5. Jusqu'à quelle date pouvez-vous jouer ?

Compréhension des ÉCRITS

ACTIVITÉ 11

Vous lisez cette recette sur un site internet francophone.

Recette du croque-monsieur à la dinde
C'est l'adaptation d'un plat typique et authentique de France !

Temps de préparation : environ 3 minutes.   Temps de cuisson : 15 minutes.

INGRÉDIENTS (pour 2 croque-monsieur)

- 4 tranches de pain de mie
- 2 tranches de blanc de dinde
- 2 œufs
- 20 grammes de beurre
- 30 grammes de gruyère râpé
- Du sel et du poivre

PRÉPARATION du croque-monsieur

1. Prenez une tranche de pain de mie.
2. Posez une tranche de blanc de dinde dessus.
3. Ajoutez 15 grammes de gruyère râpé.
4. Salez et poivrez.
5. Posez la deuxième tranche de pain.
6. Mettez les croque-monsieur au four pendant 15 minutes.

Transformez le croque-monsieur en croque-madame !

1. Dans une poêle, faites fondre 10 grammes de beurre.
2. Cassez 1 œuf et versez-le dans la poêle.
3. Déposez l'œuf cuit sur le croque-monsieur.

Le croque-monsieur avec un œuf s'appelle… le croque-madame !!!

Bon appétit !

D'après http://www.marmiton.org

Répondez aux questions.

1. Combien de temps dure la préparation d'un croque-monsieur à la dinde ?
   ....

2. Quel ingrédient devez-vous mettre après le blanc de dinde ?
   a. ❏ Du sel.   **b.** ❏ Du gruyère râpé.   **c.** ❏ Une tranche de pain.

3. Pour faire un croque-monsieur, vous avez besoin de…
   a. ❏ 2 tranches de pain.   **b.** ❏ 3 tranches de pain.   **c.** ❏ 4 tranches de pain.

4. De quelle quantité de gruyère avez-vous besoin ?
   ....

5. Quel est l'ingrédient caractéristique du croque-madame ?
   ....

PARTIE 2

D comme... DELF

5. Vrai ou faux ? Cochez (✗) la bonne réponse et recopiez la phrase du texte pour justifier votre réponse.

	VRAI	FAUX
Les jeux de la Francophonie se passent chaque année. Justification :		

6. À quelle date commencent les Jeux de la Francophonie ?

....

....

Vous lisez cet article dans un journal français.

Le salon du livre

C'est le rendez-vous incontournable des passionnés de lecture et de littérature !

2 000 auteurs de 45 pays seront présents cette année. Venez découvrir une nouveauté : les livres de cuisine ! Vous pourrez même participer à des ateliers de cuisine avec des grands chefs cuisiniers dans l'espace d'animation «Grand Chef». Des activités sont aussi prévues pour les enfants : ils vont goûter des plats pour apprendre à aimer les légumes dans l'espace «Petits Chefs».

Si vous êtes amateur de livres anciens, vous pourrez admirer des collections de lettres et de manuscrits dans l'espace «Art et Littérature».

Les fans de nouvelles technologies pourront regarder les livres numériques dans l'espace «Multimédia».

Les amateurs de bande dessinée ne seront pas déçus : une exposition est prévue sur les héros de bande dessinée comme Superman et Spirou au centre du salon.

Vous pouvez venir au salon les 22, 23 et 24 mars de 10h à 20h et le 25 mars de 12h à 19h. Pour plus d'informations, consultez le site internet salondulivreparis.com.

D'après *Métro*, 22/03/2013.

Répondez aux questions.

1. Qu'est-ce qui est nouveau dans le salon cette année ?

....

2. Vrai ou faux ? Cochez (✗) la bonne réponse et recopiez la phrase du texte pour justifier votre réponse.

	VRAI	FAUX
Les enfants vont pouvoir cuisiner avec les grands chefs. Justification :		

3. Qu'est-ce qu'on peut trouver dans l'espace « Multimédia » ?
   a. ☐ des manuscrits.
   b. ☐ des bandes dessinées.
   c. ☐ des livres numériques.

Compréhension des ÉCRITS

4 • Vrai ou faux ? Cochez (✗) la bonne réponse et recopiez la phrase du texte pour justifier votre réponse.

	VRAI	FAUX
L'exposition sur les bandes dessinées se trouve dans l'espace « Art et Littérature ». Justification :		

5 • À quelle heure commence le salon le 25 mars ?
  a. ☐ 10h.
  b. ☐ 11h.
  c. ☐ 12h.

6 • Que faut-il faire pour avoir des informations ?

jeudi 12 janvier.

ACTIVITÉ 3

Vous lisez cet article dans un magazine français.

Un weekend en Normandie

Découvrez la Normandie, une région française célèbre pour ses pommes, son camembert… Aujourd'hui, nous vous proposons de nous arrêter à Honfleur, un joli petit port de pêche.

Vous pouvez vous promener sur le marché tous les dimanches matins, près de l'église Sainte-Catherine. Vous pouvez aussi visiter les galeries d'Art autour du port et marcher dans le centre-ville historique. Si vous aimez les activités culturelles, vous pouvez aller au musée Eugène Boudin pour découvrir les tableaux de ce peintre normand, ou visiter la maison du compositeur et pianiste Erik Satie. Pour plus d'informations sur les activités, consultez le site Internet www.ot-honfleur.fr

Pour un séjour typique, vous pouvez rester dormir dans une maison de pêcheur dans le centre historique de Honfleur. Contactez Éric Blondeau au 02 31 87 84 80 pour réserver une chambre.

Si vous avez envie de découvrir d'autres sites en Normandie, ne manquez pas :
– les plages du débarquement et le D-day festival du 5 au 9 juin ;
– la tapisserie à Bayeux de la reine Mathilde qui raconte l'histoire de Guillaume le Conquérant ;
– la fête de la coquille Saint-Jacques les 9 et 10 novembre.

D'après Avantages, mars 2013.

Répondez aux questions.

1 • Vrai ou faux ? Cochez (✗) la bonne réponse et recopiez la phrase du texte pour justifier votre réponse.

	VRAI	FAUX
Le marché se trouve près du vieux port. Justification :		

D comme... DELF

2. Quelle activité vous conseille-t-on de faire dans le centre historique ?
    a. ☐ Assister à un festival.
    b. ☐ Faire une promenade.
    c. ☐ Manger une crêpe aux pommes.

3. Vous pouvez visiter la maison...
    a. ☐ d'Erik Satie.
    b. ☐ d'Eugène Boudin.
    c. ☐ de Guillaume le Conquérant.

4. Où pouvez-vous dormir à Honfleur ?

5. Qu'est-ce qu'il faut faire pour réserver ?

6. Vrai ou faux ? Cochez (X) la bonne réponse et recopiez la phrase du texte pour justifier votre réponse.

	VRAI	FAUX
La fête de la coquille Saint-Jacques a lieu en fin d'année. Justification :		

ACTIVITÉ 4

Vous lisez cet article dans un magazine français.

La nouvelle carrière de Lou Doillon

On connaissait Lou Doillon actrice et mannequin, la voici maintenant aussi chanteuse.

Depuis plusieurs années, elle jouait de la guitare et écrivait des chansons en secret. Aidée par l'artiste Étienne Daho, Lou Doillon a officiellement sorti en février un premier album pop-folk qui s'appelle *Places*. Cet album a reçu de très bonnes critiques des médias.

La fille de la chanteuse Jane Birkin et du réalisateur de cinéma Jacques Doillon a réussi à charmer le public parisien pendant son premier concert dans la salle du Nouveau Casino à Paris, avec sa jolie voix et sa présence scénique.

Elle va donner encore 22 concerts partout en France entre avril et juillet, comme par exemple :
    – Le 28 avril à Strasbourg
    – Le 17 mai à Saint-Brieuc
    – Le 14 juin à Sète
    – Les 8 et 9 juillet à Argelès-Sur-Mer
    – Le 24 juillet à Lyon

Pour voir les autres dates ou acheter des places de concert, allez sur le site de la chanteuse loudoillon.fr.

D'après *Avantages*, mars 2013 et *loudoillon.fr*

Compréhension des ÉCRITS

Répondez aux questions.

1. Quel était le métier de Lou Doillon avant d'être chanteuse ?
   a. ☐　　b.  ☐　　c. ☐

2. Quel est le style de son album ?
   ....

3. Vrai ou faux ? Cochez (✗) la bonne réponse et recopiez la phrase du texte pour justifier votre réponse.

	VRAI	FAUX
L'album a été très apprécié par la presse. Justification :		

4. Où a eu lieu son premier concert ?
   a. ☐ À Paris.
   b. ☐ À Lyon.
   c. ☐ À St-Brieuc.

5. Vrai ou faux ? Cochez (✗) la bonne réponse et recopiez la phrase du texte pour justifier votre réponse.

	VRAI	FAUX
Elle donnera un concert à Sète le 8 juillet. Justification :		

6. Où pouvez-vous réserver un billet pour le concert ?
   ....

PARTIE 2

D comme... DELF

ACTIVITÉ 5

Vous êtes à Fort-de-France, en Martinique. Vous lisez cet article dans un magazine.

ERIKA LERNOT DONNE UN CONCERT EXCEPTIONNEL AU *MAXIMUS*, À FORT-DE-FRANCE (MARTINIQUE)

Avec le duo *Lamy* en première partie* du concert.

Date : 23 août 2012
Lieu : le *Maximus*, Fort-De-France, Martinique

Ouverture des portes : à 20h00
Première partie : à 21h00
Concert d'Erika Lernot : à 22h00

ERIKA LERNOT vient en Martinique pour un concert unique au *Maximus*. Elle y présentera son premier album, « Le voyage ». Erika Lernot a une voix envoûtante. Elle raconte ses voyages dans ses chansons. Les paroles sont poétiques.

Son disque vous fait voyager de façon étonnante. Les mélodies se mélangent avec les sons des musiques du monde. Fermez les yeux et vous aurez l'impression de visiter l'Afrique, la Caraïbe, le Cap-Vert et le Brésil. La musique d'Erika apporte de la chaleur à la chanson française.

C'est une expérience extraordinaire.

TARIF : 10 € en prévente jusqu'au 22 août.
15 € sur place.
Site Internet : http://erikalernot.wix.com/levoyage

Le *Maximus*
Pont de Californie, Basse Gondeau - 97232 Le Lamentin
Martinique

* première partie : artiste invité qui chante 4 à 6 titres avant le concert de l'artiste principal.

D'après http://event.domtomnews.com

Répondez aux questions.

1. Vrai ou faux ? Cochez (X) la bonne réponse et recopiez la phrase du texte pour justifier votre réponse.

	VRAI	FAUX
Erika Lernot va faire plusieurs concerts au *Maximus*. Justification :		

2. À quelle heure commence le concert d'Erika Lernot ?
   a. ☐ À 20h00.   b. ☐ À 21h00.   c. ☐ À 22h00.

3. Erika vient au Maximus pour présenter… ....

4. Quel est le sujet des chansons d'Erika Lernot ?
   ....

5. La musique d'Erika Lernot est…
   a. ☐ poétique.   b. ☐ étonnante.   c. ☐ chaleureuse.

6. Vrai ou faux ? Cochez (X) la bonne réponse et recopiez la phrase du texte pour justifier votre réponse.

	VRAI	FAUX
Si vous achetez votre place de concert le 21 août, elle coûtera 10 €. Justification :		

90

Compréhension des ÉCRITS

B. Un article sur Internet

ACTIVITÉ 6

Vous lisez ce blog québécois.

Le blog du Québec

Accueil | Destinations | Forum | Recherche personnalisée | OK

Québec : le plein air en hiver

Si vous aimez l'hiver, vous aimerez les activités extérieures de la Province du Québec. La saison hivernale débute en décembre et se termine en mars.

Le hockey sur glace est une activité peu chère. Vous devez acheter des patins à glace (à partir de 50 $ la paire) et un bâton de hockey (environ 40 $). Ensuite, vous pourrez rencontrer de nouvelles personnes à la patinoire pour jouer en équipe.

Le patinage est un sport plus tranquille que le hockey. Il y a des patinoires extérieures longues de plusieurs kilomètres ! Avec ce sport, vous restez en forme et vous apprenez à aimer l'hiver.

La raquette est une activité agréable qui permet de marcher facilement dans la neige. Cette activité nécessite une paire de raquettes. C'est un peu cher : vous trouvez des paires de raquettes à partir de 140 $. Mais cet équipement est utilisable pendant plusieurs hivers. Vous pourrez marcher facilement dans la neige et dans des endroits différents : dans un parc de la ville ou un parc naturel, à la montagne, etc.

Répondez aux questions.

1. Vous pouvez faire ces activités d'hiver de .... à mars.

2. Quel sport d'hiver se joue à plusieurs ?
   ....

3. Vous pouvez acheter une paire de patins à partir de…
   a. ☐ 40 $. **b.** ☐ 50 $. **c.** ☐ 140 $.

4. Selon l'auteur du texte, le patinage est une activité plus…
   a. ☐ calme
   b. ☐ violente   que le hockey sur glace.
   c. ☐ amusante

5. Vrai ou faux ? Cochez (X) la bonne réponse et recopiez la phrase du texte pour justifier votre réponse.

	VRAI	FAUX
Au Québec, les patinoires extérieures sont petites. Justification :		

6. Vrai ou faux ? Cochez (X) la bonne réponse et recopiez la phrase du texte pour justifier votre réponse.

	VRAI	FAUX
Si vous faites de la raquette, vous n'avez pas besoin d'équipement. Justification :		

PARTIE 2

D comme... DELF

ACTIVITÉ 7

Vous lisez cet article sur un site Internet francophone.

Le site francophone
Accueil | Destinations | Forum | Recherche personnalisée OK

Partir étudier au Québec

Chaque année, des milliers d'étudiants décident de partir faire leurs études dans la province du Québec, au Canada, dans une des 13 universités. 3 universités sur les 13 sont anglophones, et 10 sont francophones.

Pour les étudiants qui souhaitent faire une formation plus courte et plus technique, il y a aussi une autre possibilité : les CEGEP (collèges d'enseignement général et professionnel).

Les étudiants français sont souvent surpris de l'ambiance à l'université canadienne, très différente de l'université française : « ici, les étudiants sont beaucoup moins stressés ! Ils viennent en cours avec une casquette et apportent à boire et à manger en classe ! » commente Marion, qui étudie au Québec. « Les professeurs sont aussi très sympas : ils nous donnent leur numéro de téléphone personnel ou leur adresse électronique. Et pendant les cours, on étudie surtout des cas pratiques. Il y a beaucoup de travail d'équipe et de présentations orales, c'est très intéressant ».

D'après http://www.letudiant.fr

Répondez aux questions.

1. On trouve combien d'universités anglophones au Québec ?
   - a. ☐ 3.
   - b. ☐ 10.
   - c. ☐ 13.

2. Vrai ou faux ? Cochez (X) la bonne réponse et recopiez la phrase du texte pour justifier votre réponse.

	VRAI	FAUX
La formation est plus longue dans les CEGEP que dans les universités. Justification :		

3. D'après Marion, les étudiants canadiens sont plus...
   - a. ☐ sympas
   - b. ☐ nerveux   que les étudiants français.
   - c. ☐ détendus

4. Qu'est-ce que les professeurs canadiens donnent aux étudiants ? *(Une réponse attendue)*

....

5. Vrai ou faux ? Cochez (X) la bonne réponse et recopiez la phrase du texte pour justifier votre réponse.

	VRAI	FAUX
La méthode canadienne consiste à surtout travailler la théorie. Justification :		

6. Qu'est-ce que pense Marion des présentations orales ?

....

Compréhension des ÉCRITS

ACTIVITÉ 8

Vous lisez cet article sur un site internet français.

PARIS

Accueil | Logements | Forum

Se loger à Paris

Vous partez en vacances ou pour le travail dans la capitale française ?
Des solutions s'offrent à vous pour trouver des logements à tous les prix.
Les prix des hôtels sont souvent élevés. Il existe d'autres solutions, moins chères :

1 • On trouve à Paris un certain nombre d'auberges de jeunesse. Le prix est autour de 25 euros par nuit. Il existe des chambres allant de 2 à 10 lits. Les auberges sont conseillées à des personnes assez jeunes qui veulent rencontrer d'autres jeunes et faire la fête.

2 • Pensez également aux *chambres chez l'habitant* ! Un certain nombre de sites Internet comme www.chambre-ville.com vous proposent de trouver une chambre avec le petit-déjeuner inclus. Vous pouvez trouver un studio indépendant, ou bien une chambre chez une famille parisienne et partager la cuisine et la salle de bains. Les prix vont de 40 à 120 euros par nuit.

3 • Si vous avez envie d'une expérience originale, vous pouvez aussi tester le *couch surfing*. Le concept est simple : vous dormez sur le canapé d'une personne qui vous accueille gratuitement.

D'après http://www.letudiant.fr

Répondez aux questions.

1 • Vrai ou faux ? Cochez (**X**) la bonne réponse et recopiez la phrase du texte pour justifier votre réponse.

	VRAI	FAUX
Les hôtels sont moins chers que les auberges de jeunesse. Justification :		

2 • Quel hébergement faut-il choisir si vous voulez faire la fête ?

3 • Qu'est-ce qui est inclus avec la chambre chez l'habitant ?

4 • Si vous avez envie de rencontrer une famille française, quel système de logement pouvez-vous choisir ?
   a. ❏ Le couch surfing.
   b. ❏ L'auberge de jeunesse.
   c. ❏ La chambre chez l'habitant.

5 • Qu'est-ce que vous pouvez partager chez l'habitant ?
   a. ❏ Le salon.
   b. ❏ La chambre.
   c. ❏ La salle de bains.

6 • Quel est le prix minimum de la chambre chez l'habitant ?

PARTIE 2

D comme... DELF

C. Un message publicitaire

ACTIVITÉ 9

Vous consultez ce site Internet francophone.

Le site pour voler

Accueil | Sports extrêmes | Forum | Recherche personnalisée | OK

Chute libre à l'Aérokart

SIMULATION DE CHUTE LIBRE

La simulation de chute[1] libre vous permet de découvrir des sensations fortes. Cette activité est un peu comme le parachutisme. Le principe est simple : vous êtes dans une pièce ronde de 4,80 mètres de diamètre[2] et 7 mètres de haut. L'air traverse très rapidement cet espace, jusqu'à 250 km/h.

SESSION DE CHUTE LIBRE

Avant de voler, un moniteur vous explique comment ça marche. Puis, il vous donne votre équipement. Après l'explication, vous entrez dans la pièce avec lui. L'air circule lentement, puis la vitesse augmente et vous volez. Vous avez l'impression de voler à 4 000 mètres d'altitude. Le vol dure 2 minutes 30.

CONDITIONS POUR VOLER

– Il n'est pas obligatoire d'être sportif.
– On peut voler à partir de l'âge de 8 ans.
– À partir de 60 ans, il faut un certificat médical.

Réservation obligatoire au 01 30 25 72 89.

TARIFS
1 session (2 min. 30)   70 €
1 session (8-14 ans)   60 €
2 sessions et plus   67,50 € la session
(pour la même personne)

1. chute : action de tomber.
2. diamètre : le tour d'un cercle.

D'après : http://www.aerokart.com

Répondez aux questions.

1. Quelle activité est présentée sur le site d'Aérokart ?

   ....

2. Le moniteur...
   a. ☐ vous indique les tarifs.
   b. ☐ contrôle la vitesse de l'air.
   c. ☐ vous accompagne pendant le vol.

3. Combien de temps dure le vol ?

   ....

4. Vrai ou faux ? Cochez (X) la bonne réponse et recopiez la phrase du texte pour justifier votre réponse.

	VRAI	FAUX
Vous devez faire du sport régulièrement pour pouvoir faire de la chute libre. Justification :		

Compréhension des ÉCRITS

5. Si vous achetez deux sessions, vous payez…
- **a.** ☐ 60,00 €
- **b.** ☐ 67,50 €   par session.
- **c.** ☐ 70,00 €

6. Vrai ou faux ? Cochez (X) la bonne réponse et recopiez la phrase du texte pour justifier votre réponse.

	VRAI	FAUX
Vous devez réserver votre session avant d'aller à Aérokart. Justification : ……………………………………………………		

ACTIVITÉ 10

Vous lisez cette affiche à Cayenne, en Guyane.

La fête de la musique à Cayenne

Comme chaque année, la fête de la musique se déroulera à Cayenne le 21 juin. Au programme, il y aura beaucoup de concerts gratuits et en plein air ! Les concerts seront proposés à différents endroits de la ville : le Kiosque des Amandiers, la Place Auguste Horth et le parvis de l'Hôtel de Ville.

Organisation : Services culturels de la mairie de Cayenne.
Extrait du programme :
- Sur le parvis de l'hôtel de ville
  - De 9h00 à 11h00 : spectacle de harpe par les élèves de l'École Nationale de Musique et de Danse Edgard Nibul (ENMD).
- Au kiosque des Amandiers
  - 19h00 : ACAMC - Groupe de musique guyanaise.
  - 19h45 : FLIGHT - Groupe de musique rock.
  - 20h15 : IDEAL - Groupe de musique compas.
  - 21h15 : BREND NEW - Groupe de musique pop rock.
  - 21h45 : WIBBASSI - Groupe de musique bushinengue.
  - 22h15 : V SEIS - Groupe de musique rock.
  - 22h45 : LIVITY - Groupe de musique reggae.
  - 23h30 : FIN

D'après http://www.ebox973.com

Répondez aux questions.

1. Quel est le thème de la fête ?

………

2. Combien coûte une place de concert ?

………

PARTIE 2

D comme... DELF

3. **Vrai ou faux ? Cochez (X) la bonne réponse et recopiez la phrase du texte pour justifier votre réponse.**

	VRAI	FAUX
Les concerts ont lieu au même endroit. Justification : _____		

4. **Vrai ou faux ? Cochez (X) la bonne réponse et recopiez la phrase du texte pour justifier votre réponse.**

	VRAI	FAUX
Le groupe *Idéal* interprète de la musique guyanaise. Justification : _____		

5. **Le concert du groupe *Livity* se termine à...**
   a. ☐ 22h15.
   b. ☐ 22h45.
   c. ☐ 23h30.

6. **Quel genre musical est le plus représenté ?**
   a. ☐ Le rock.
   b. ☐ Le reggae.
   c. ☐ Le bushinengue.

ACTIVITÉ 11

Vous lisez cet article sur un site Internet français.

Le site des films
Accueil | Festivals | Forum | Recherche personnalisée | OK

Festival du film de Vendôme

Depuis 1991, *Ciclic* organise le Festival du Film de Vendôme. C'est le plus grand festival de cinéma de la région Centre, en France. Le festival diffuse des films français et européens. C'est comme ça que le public français découvre des films d'Espagne ou d'Allemagne, par exemple. Les films ne sont pas commerciaux, mais indépendants. L'objectif est de faire découvrir des films différents qui peuvent influencer l'avenir du cinéma. Souvent, ils sont présentés pour la première fois.

Les organisateurs du festival aiment la variété. Les spectateurs vont découvrir des fictions, des documentaires et des films animés. Le Festival du film de Vendôme est aussi l'occasion de faire des rencontres professionnelles.

Chaque année, *Ciclic* vend 11 000 entrées, dont 3 000 aux publics scolaire et universitaire. Plus de 400 professionnels assistent à cet événement.

Le festival est présent à trois endroits de la ville :
Le Minotaure - Le Ciné Vendôme - La Chapelle Saint-Jacques

Renseignements : *Ciclic*
24 rue Renan - 37110 Château-Renault
02 47 56 08 08

Programme : http://www.vendome-filmfest.com

D'après http://www.vendome-filmfest.com

Compréhension des ÉCRITS

Répondez aux questions.

1 • Dans quelle région a lieu le festival ?
....

2 • Vrai ou faux ? Cochez (✗) la bonne réponse et recopiez la phrase du texte pour justifier votre réponse.

	VRAI	FAUX
Le festival diffuse des films du monde entier. Justification :		

3 • Les organisateurs montrent des films…
   a. ☐ réalistes.
   b. ☐ différents.
   c. ☐ dramatiques.

4 • Chaque année, combien de spectateurs assistent au festival ?
   a. ☐ 400.
   b. ☐ 3 000.
   c. ☐ 11 000.

5 • Vrai ou faux ? Cochez (✗) la bonne réponse et recopiez la phrase du texte pour justifier votre réponse.

	VRAI	FAUX
Les films sont diffusés dans un cinéma de la ville. Justification :		

6 • Où pouvez-vous trouver la programmation des films ?
....

PARTIE 2

D comme... DELF

ACTIVITÉ 12

Vous lisez cette affiche dans une rue de Perpignan.

École de théâtre Corneille
Les nouveaux ateliers ouvrent en septembre.

Atelier 1 : INITIATION
Niveau : ouvert aux débutants.
Objectifs : de septembre à décembre, les élèves découvriront l'improvisation.
De janvier à juin, ils étudieront le théâtre contemporain et apprendront un texte.
Représentations :
– le 19 décembre : improvisations en public.
– Le 19 juin : représentation d'une scène de 5 minutes environ.

Atelier 2 : INTERPRÉTATION - première partie
Niveau : intermédiaire. Ouvert aux personnes qui ont suivi l'atelier *Initiation*.
Objectifs : Les élèves étudieront la comédie de septembre à janvier et la tragédie de février à juin.
Représentations :
– les 20 et 21 janvier : représentation d'une scène comique.
– Les 20 et 21 juin : représentation d'une scène tragique.

Atelier 3 : INTERPRÉTATION - deuxième partie
Niveau : confirmé. Ouvert aux personnes qui ont réalisé l'atelier *Interprétation 1*.
Objectifs : de septembre à avril, les élèves préparent une pièce de théâtre
avec un metteur en scène expérimenté. En mai : répétitions générales.
Représentations : la dernière semaine de juin.
Cette année, les élèves représenteront « Roberto Zucco » de Jean-Marie Koltès.

Horaires	Tarifs	Adresse
Atelier 1 : lundi, 20h30-23h	70 €/mois	78 rue Jean Racine
Atelier 2 : mercredi, 20h-23h	80 €/mois	66000 Perpignan
Atelier 3 : vendredi, 19h-22h30	95 €/mois	04 68 54 51 53 – info@corneille.fr

Répondez aux questions.

1. ● Vrai ou faux ? Cochez (**X**) la bonne réponse et recopiez la phrase du texte pour justifier votre réponse.

	VRAI	FAUX
Il est obligatoire d'avoir de l'expérience pour s'inscrire à l'atelier 1. Justification :		

Compréhension des ÉCRITS

2 • Dans quel atelier étudiez-vous l'improvisation ?
   a. ☐ Initiation.
   b. ☐ Interprétation 1.
   c. ☐ Interprétation 2.

3 • À partir de quel mois pouvez-vous étudier le théâtre comique ?

....

4 • Vrai ou faux ? Cochez (*X*) la bonne réponse et recopiez la phrase du texte pour justifier votre réponse.

	VRAI	FAUX
Vous pouvez vous inscrire à l'atelier 3 si vous avez suivi l'atelier 2. Justification :		

5 • Quand sera représenté « Roberto Zucco » ?

....

6 • Les cours de théâtre ont lieu...
   a. ☐ le matin.
   b. ☐ l'après-midi.
   c. ☐ le soir.

Production ÉCRITE

A comme... *aborder la production écrite*	**101**
Description de l'épreuve	101
Pour vous aider...	101
B comme... *brancher*	**102**
Exemples d'activités à réaliser	102
I Exercice 1 : raconter une expérience	102
1. De loisirs ou de vacances ACTIVITÉ 1	102
II Exercice 2 : répondre à un message	102
2. Accepter une invitation ACTIVITÉ 1	102
C comme... *contrôler la production écrite*	**103**
Grilles d'évaluation	103
Critères des grilles d'évaluation	103
I Exercice 1 : raconter une expérience	103
II Exercice 2 : répondre à un message	104
Propositions de correction	105
I Exercice 1 : raconter une expérience	105
1. De loisirs ou de vacances ACTIVITE 1	105
II Exercice 2 : répondre à un message	106
2. Accepter une invitation ACTIVITÉ 1	106
D comme... *DELF*	**107**
I Raconter une expérience	107
A. De loisirs ou de vacances ACTIVITÉS 2 à 9	107
B. D'un événement ACTIVITÉS 10 à 17	111
C. De travail ou d'étude du français ACTIVITÉS 18 à 25	116
II Répondre à un message	120
A. Accepter une invitation ACTIVITÉS 2 à 9	120
B. Refuser une invitation ACTIVITÉS 10 à 17	128
C. Réagir à un message ACTIVITÉS 18 à 25	136

A comme... aborder la production écrite

Description de l'épreuve

L'épreuve de production est la troisième partie des épreuves collectives du DELF A2.

Elle dure **45 minutes**.

L'épreuve de production écrite est composée de 2 parties :
- **Exercice 1 : raconteur une expérience**
- **Exercice 2 : répondre à un message**

Pour vous aider...

Voici quelques conseils pour vous aider à préparer l'épreuve de production écrite.

- Lisez bien la consigne. Essayez de soulignez les « mots-clés » de la consigne, c'est-à-dire les mots importants qui vous indiquent ce qu'il faut écrire dans votre production, pour ne rien oublier.

- Si la situation proposée ne vous correspond pas personnellement, vous devez être capable de vous impliquer dans la situation et d'inventer une production, en suivant les mots-clés de la consigne.

- Les mots-clés de la consigne vous servent à comprendre ce qu'il faut écrire dans la production, mais il faut essayer d'utiliser vos propres mots et de ne pas recopier les mots-clés.

- Vous devez écrire au moins 60 mots pour chaque activité. Vous pouvez écrire plus de 60 mots, mais pas moins.

- Vous pouvez écrire sur une autre feuille si vous préférez. Mais après, il faut recopier vos textes sur la copie d'examen. Écrivez lisiblement et au stylo.

- Après avoir terminé, relisez bien vos productions pour corriger vos erreurs (conjugaisons, accords masculin/féminin et singulier/pluriel, articles, prépositions, etc.)

- Comptez le nombre de mots que vous avez écrits et écrivez-le en bas de la copie.

→ Consultez la partie *B comme... brancher* pour voir un exemple de sujet.

B comme... brancher

Exemples d'activités à réaliser

Pour préparer l'épreuve de production écrite, réalisez les activités suivantes.

Pensez à appliquer les recommandations données dans la partie *A comme... aborder la production écrite*.

I Exercice 1 : raconter une expérience

1. De loisirs ou de vacances

ACTIVITÉ 1

Vous écrivez un message à un ami francophone. Vous lui racontez ce que vous avez fait pendant vos vacances (lieux visités, activités, etc.) Vous donnez vos impressions sur ce voyage. (60 mots minimum)

→ Entraînez-vous à faire cette production écrite sur une feuille séparée, et ensuite, consultez la partie « C comme... contrôler la production écrite » p. 103.

II Exercice 2 : répondre à un message

1. Accepter une invitation

ACTIVITÉ 1

Vous recevez ce message d'un ami français.

De : luc@message.fr
Objet : repas

Salut,

Pour fêter l'arrivée du printemps, j'organise un repas dans mon jardin la semaine prochaine. Tout le monde apporte quelque chose à manger et à boire ! Est-ce que tu viens ? Réponds-moi vite !

Luc

Vous répondez à votre ami. Vous le remerciez et vous acceptez son invitation. Vous lui demandez des précisions. Vous lui dites ce que vous allez apporter. (60 mots minimum)

→ Entraînez-vous à faire cette production écrite sur une feuille séparée, et ensuite, consultez la partie « C comme... contrôler la production écrite » p. 103.

Évaluez vos réponses à la page suivante.

C comme... contrôler la production écrite

Après avoir réalisé les activités, vous pouvez évaluer vos réponses à l'aide de la grille d'évaluation et de la proposition de correction.

Grilles d'évaluation

L'examinateur utilise une grille d'évaluation de la production écrite. C'est la même grille pour tous les candidats du DELF A2.

La production orale est notée sur **25 points** :
- Le premier exercice est noté sur 13 points.
- Le deuxième exercice est noté sur 12 points.

Critères des grilles d'évaluation

I Exercice 1 : raconter une expérience ..../13 points

Respect de la consigne Peut mettre en adéquation sa production avec la situation proposée. Peut respecter la consigne de longueur minimale indiquée.	0	0,5	1

→ Ce critère permet de vérifier que :
- votre production correspond de manière générale à ce qui est demandé dans la consigne :
  – le *genre de texte* (par exemple une lettre à un ami, un courriel à un collègue, un essai ou un récit pour décrire un événement, etc. ;
  – le *thème* (les vacances, un mariage, etc.) ;
  – le type de *discours* attendu (raconter, décrire, etc.) ;
- vous écrivez au moins 60 mots.

Capacité à raconter et à décrire Peut décrire de manière simple des aspects quotidiens de son environnement (gens, choses, lieux) et des événements, des activités passées, des expériences personnelles.	0	0,5	1	1,5	2	2,5	3	3,5	4

→ Ce critère permet de vérifier que vous pouvez donner toutes les informations précises demandées dans la consigne pour raconter ou décrire un événement ou une expérience.

Capacité à donner ses impressions Peut communiquer sommairement ses impressions, expliquer pourquoi une chose plaît ou déplaît.	0	0,5	1	1,5	2

→ Ce critère permet de vérifier que vous êtes capable de donner vos impressions sur le sujet donné par la consigne et de dire ce que vous aimez et/ou ce que n'aimez pas et pourquoi.

Lexique/orthographe lexicale Peut utiliser un répertoire élémentaire de mots et d'expressions relatifs à la situation proposée.	0	0,5	1	1,5	2

→ Ce critère permet de vérifier que vous êtes capable d'utiliser le vocabulaire de niveau A2 approprié à la situation de communication.

| Morphosyntaxe/orthographe grammaticale
Peut utiliser des structures et des formes grammaticales simples relatives à la situation donnée mais commet encore systématiquement des erreurs élémentaires.	0	0,5	1	1,5	2	2,5

→ Ce critère permet de vérifier que vous pouvez utiliser les règles de base de grammaire et de conjugaison du niveau A2.
Vous êtes aussi capable de formuler des phrases simples et bien construites.

| Cohérence et cohésion
Peut produire un texte simple et cohérent.
Peut relier des énoncés avec les articulations les plus fréquentes.	0	0,5	1	1,5

→ Ce critère permet de vérifier que vous avez un discours clair et logique.
Vos idées s'enchaînent à l'aide de connecteurs simples si besoin (*et, alors, mais, parce que*, etc.).

II Exercice 2 : répondre à un message

| Respect de la consigne
Peut mettre en adéquation sa production avec la situation proposée.
Peut respecter la consigne de longueur minimale indiquée.	0	0,5	1

→ Ce critère permet de vérifier que :
- votre production correspond de manière générale à ce qui est demandé dans la consigne :
  – le *genre de texte* (par exemple une lettre à un ami, un courriel à un collègue, etc.) ;
  – le *thème* (les vacances, un mariage, etc.) ;
  – le type de *discours* attendu (répondre à une invitation/à un message, etc.) ;
- vous écrivez au moins 60 mots.

| Correction sociolinguistique
Peut utiliser les registres de langue en adéquation avec le destinataire et le contexte.
Peut utiliser les formes courantes de l'accueil et de la prise de congé.	0	0,5	1

→ Ce critère permet de vérifier que vous êtes capable de respecter :
- les règles de politesse (salutations, remerciements, etc., adaptés au destinataire) ;
- la façon de s'adresser au destinataire (utilisation du *tu* dans une situation formelle et du *vous* dans une situation informelle).

| Capacité à interagir
Peut écrire une lettre personnelle simple pour exprimer remerciements, excuses, propositions, etc.	0	0,5	1	1,5	2	2,5	3	3,5	4

→ Ce critère permet de vérifier que vous pouvez donner toutes les informations précises demandées dans la consigne pour répondre au message (remercier, féliciter, demander des informations, informer, proposer...).

Les critères suivants sont identiques à ceux de l'exercice 1 :

Lexique/orthographe lexicale	0	0,5	1	1,5	2

Morphosyntaxe/orthographe grammaticale	0	0,5	1	1,5	2	2,5

Cohérence et cohésion	0	0,5	1	1,5

Voir les explications pour ces critères p. 103.

Propositions de correction

I — Exercice 1 : raconter une expérience

*Vous écrivez **un message à un ami francophone**.*
*Vous lui **racontez ce que vous avez fait pendant vos vacances** :*
***les endroits** que vous avez visités, les activités que vous avez faites. Vous donnez **vos impressions** sur ce voyage.*
(60 mots minimum)

> Les mots en bleu montrent ce que vous devez faire de manière générale pour respecter la consigne :
> - le type de production est un message à un ami ;
> - le thème est les vacances ;
> - dans le discours, il faut raconter ces vacances.

> Les mots en vert indiquent plus précisément tout ce que vous devez raconter dans votre production :
> - des lieux et des visites ;
> - des activités.

> Les mots en orange indiquent que vous devez donner des impressions.

Exemple de production sur ce sujet :

Salut,

Comment ça va ?
Je suis allée en France cet été pour les vacances. J'ai visité le château de Versailles, c'était très grand et très beau. Je suis allée au musée de l'Espace à Paris, c'était super parce que je suis montée dans une fusée ! J'ai aussi fait un pique-nique au bord de la Seine et j'ai mangé des crêpes. C'était bon, mais il y avait trop de monde. J'ai vu la Tour Eiffel, elle est magnifique.

À bientôt,
Camille

80 mots

Cette production est un message adressé à un ami pour raconter des vacances. On trouve :
- des <u>lieux</u> : *en France, le château de Versailles, au musée de l'Espace à Paris, au bord de la Seine, la Tour Eiffel* ;
- des <u>activités</u> : *J'ai visité le château de Versailles / musée de l'Espace / la Tour Eiffel, je suis montée dans une fusée, j'ai aussi fait un pique-nique au bord de la Seine, mangé des crêpes* ;
- des <u>impressions</u> : *c'était très grand et très beau / super / bon / il y avait trop de monde / elle est magnifique* ;
- une <u>progression</u> dans les idées, **des mots pour <u>organiser</u> les idées** (connecteurs logiques) : *parce que, aussi, et, mais,* **des <u>virgules</u>** et **des <u>points</u>** ;
- un <u>vocabulaire</u> varié et adapté à la consigne et de niveau A2.
- des <u>verbes</u> au passé pour raconter, **des <u>phrases</u> simples** bien construites.

105

II Exercice 2 : répondre à un message

1. Accepter une invitation

ACTIVITÉ 1

Vous recevez ce message d'un ami français.

De : etienne@message.fr
Objet : repas

Salut,

Pour fêter l'arrivée du printemps, j'organise un repas dans mon jardin la semaine prochaine. Tout le monde apporte quelque chose à manger et à boire ! Est-ce que tu viens ?
Réponds-moi vite !

Étienne

---

*Vous **répondez à votre ami**. Vous **le remerciez** et vous **acceptez son invitation**. Vous lui **demandez des précisions**. Vous lui dites **ce que vous allez apporter**. (60 mots minimum)*

Exemple de production sur ce sujet :

Salut,

Merci beaucoup pour ton invitation ! Je veux aussi fêter le beau temps avec toi ! On va bien s'amuser !
J'ai besoin de deux informations : est-ce que tu peux me donner ton adresse ? Je ne la connais pas.
Et c'est quel jour la fête ? Samedi ?
Je vais apporter une salade, du fromage français et du jus de fruits. C'est bon ?
À la semaine prochaine,
Alice

64 mots

Cette production est un message adressé à un ami pour répondre à une invitation. On trouve :
- **des remerciements** : *Merci beaucoup pour ton invitation !* ;
- **une formule pour accepter l'invitation** : *Je veux aussi fêter le beau temps avec toi ! On va bien s'amuser ! À la semaine prochaine* ;
- **des demandes de précisions** : *J'ai besoin de deux informations : est-ce que tu peux me donner ton adresse ? Je ne la connais pas. Et c'est quel jour la fête ? Samedi ?* ;
- **une proposition pour apporter quelque chose** : *Je vais apporter une salade, du fromage français et du jus de fruits.*
- **une progression dans les idées**, le mot « *Et* » pour organiser les idées (**connecteur logique**), **des virgules** et **des points** ;
- **un vocabulaire varié** et adapté à la consigne et au niveau A2 ;
- **des verbes** au présent et au futur proche adaptés à la consigne, **des phrases** simples bien construites.

PARTIE 3

D comme... DELF

I. Raconter une expérience

A. De loisirs ou de vacances

ACTIVITÉ 2

Vous écrivez un texte sur un site internet francophone pour parler de votre passion ou votre loisir préféré (type d'activité, moment où vous le pratiquez, etc.). Vous dites pourquoi vous l'aimez. (60 mots minimum)

http://www.activités-loisirs.com

ACTIVITÉ 3

Vous pratiquez un nouveau sport. Vous écrivez à un ami français pour lui raconter cette nouvelle expérience. Vous dites pourquoi vous aimez ce sport. (60 mots minimum)

PARTIE 3

D comme... DELF

ACTIVITÉ 4

Vous écrivez un texte sur un site internet francophone pour décrire votre ville (monuments, activités, spécialité(s), etc.). Vous dites ce que vous aimez dans votre ville. (60 mots minimum)

http://www.maville.com

ACTIVITÉ 5

Vous écrivez un texte sur un site internet francophone pour présenter une fête traditionnelle de votre pays. Vous décrivez cette fête (date, programme, etc.). Vous expliquez pourquoi vous l'aimez. (60 mots minimum)

http://www.fetes-traditionnelles.com

Production ECRITE

D comme... DELF

ACTIVITÉ 6

Vous écrivez un message à un ami pour lui raconter votre voyage à Bruxelles (date, activités, plats, etc.). Vous dites ce que vous avez aimé et ce que vous n'avez pas aimé. (60 mots minimum)

Vous pouvez vous aider des images.

Objet : Bruxelles

PARTIE 3

D comme... DELF

ACTIVITÉ 7

Vous êtes parti(e) en vacances pendant une semaine. Vous écrivez un courriel à votre ami français. Vous lui parlez de vos activités et vos rencontres. Vous donnez vos impressions. (60 mots minimum)

ACTIVITÉ 8

Vous avez passé quelques jours à Paris. Vous écrivez à un ami francophone. Vous racontez ce que vous avez visité et vos activités. Vous donnez vos impressions sur la capitale française. (60 mots minimum)

Production ECRITE

ACTIVITÉ 9

Vous avez vécu quelques mois dans un pays étranger. Vous écrivez à un ami francophone pour lui parler du pays et de ses habitants. Vous dites ce que vous avez aimé et ce que vous n'avez pas aimé. (60 mots minimum)

B. D'un événement

ACTIVITÉ 10

Vous avez vu un spectacle (pièce de théâtre, concert, etc.). Vous écrivez à un ami québécois pour lui raconter l'histoire. Vous expliquez ce que vous avez aimé ou ce que vous n'avez pas aimé. (60 mots minimum)

PARTIE 3

D comme... DELF

ACTIVITÉ 11

Vous êtes allé(e) au concert de votre artiste préféré(e). Vous écrivez à votre ami belge et vous lui racontez votre soirée (avec qui, où, comment). Vous donnez vos impressions. (60 mots minimum)

ACTIVITÉ 12

Vous êtes allé(e) à un match sportif. Vous écrivez à un ami suisse. Vous lui racontez votre soirée (avec qui, où, comment). Vous donnez vos impressions sur le match. (60 mots minimum)

Production ECRITE

ACTIVITÉ 13

Vous avez gagné un concours pour rencontrer votre sportif préféré et passer une journée avec lui. Vous racontez cette expérience à un ami et vous donnez vos impressions sur cette journée. (60 mots minimum)

Objet : concours

ACTIVITÉ 14

Vous êtes allé(e) à une fête d'anniversaire. Vous écrivez à un ami français et vous lui racontez ce que vous avez fait et qui vous avez rencontré. Vous donnez vos impressions. (60 mots minimum)

PARTIE 3

D comme... DELF

ACTIVITÉ 15

Vous êtes allé(e) voir un film en avant-première. Vous avez rencontré votre acteur préféré. Vous écrivez à un ami belge pour lui raconter votre soirée. Vous donnez vos impressions. (60 mots minimum)

ACTIVITÉ 16

Vous êtes allé(e) à une fête chez un ami. Vous racontez cet événement à un ami (genre de fête, activités, repas, etc.) et vous donnez vos impressions sur cette fête. (60 mots minimum)

Objet : fête

Production ECRITE

ACTIVITÉ 17

Vous avez assisté à la fête de la musique. Vous racontez à un ami francophone ce que vous avez vu et entendu (lieu, style de musique, groupes, instruments, etc.). Vous donnez vos impressions sur cette fête. (60 mots minimum)

Objet : fête de la musique

PARTIE 3

D comme... DELF

C. De travail ou d'étude du français

ACTIVITÉ 18

Vous avez un nouveau travail. Vous écrivez à un ami pour lui décrire votre activité (tâches professionnelles, horaires, etc.). Vous lui donnez vos impressions. (60 mots minimum)

Objet : nouveau travail

ACTIVITÉ 19

Vous travaillez en Suisse. Vous avez un nouveau collègue de travail. Vous écrivez à un ami francophone. Vous décrivez votre collègue (nom, apparence, caractère) et vous donnez vos impressions. (60 mots minimum)

Production ECRITE

ACTIVITÉ 20

Vous travaillez en France. Le comité d'entreprise a organisé une sortie. Vous écrivez à un ami francophone. Vous lui racontez ce que vous avez fait. Vous donnez vos impressions.
(60 mots minimum)

ACTIVITÉ 21

Vous travaillez en Belgique. Votre entreprise a organisé un dîner de fin d'année. Vous écrivez à un ami francophone. Vous racontez votre soirée. Vous donnez vos impressions.
(60 mots minimum)

PARTIE 3

D comme... DELF

ACTIVITÉ 22

Votre professeur de français vous demande d'écrire un texte pour décrire votre meilleur ami (physique, caractère). Vous racontez quelles activités vous faites ensemble et pourquoi vous l'aimez. (60 mots minimum)

ACTIVITÉ 23

Votre professeur de français vous demande d'écrire un texte pour raconter votre film préféré (histoire, acteurs principaux). Vous dites ce que vous aimez dans ce film. (60 mots minimum)

Production ECRITE

ACTIVITÉ 24

Votre professeur de français vous demande d'écrire un texte pour raconter votre livre préféré (histoire, personnages principaux). Vous dites ce que vous aimez dans ce livre. (60 mots minimum)

ACTIVITÉ 25

Votre professeur de français vous demande de décrire votre entreprise. Vous parlez de votre profession et vous expliquez vos principales tâches professionelles. (60 mots minimum)

PARTIE 3

D comme... DELF

II Répondre à un message

A. Accepter une invitation

ACTIVITÉ 2

Vous recevez ce courriel d'une amie française.

> De : charlene.vou@elne.fr
> Objet : vacances
>
> Salut,
>
> Je suis en vacances la semaine prochaine. Est-ce que tu veux venir quelques jours chez moi ? Donne-moi ta réponse demain ou après-demain !
>
> Bisous,
> Charlène

Vous répondez à Charlène. Vous la remerciez et vous acceptez son invitation. Vous lui dites quand vous arriverez et quelles activités vous voulez faire avec elle. (60 mots minimum)

Objet : Re: vacances

Production ÉCRITE

ACTIVITÉ 3

Vous recevez ce message d'une amie française.

> De : marie@courriel.fr
> Objet : cinéma
>
> Salut,
>
> J'ai deux tickets de cinéma. Est-ce que tu veux venir voir un film avec moi ce soir ?
> Réponds-moi avant 16 heures (après je serai en réunion).
>
> À ce soir j'espère !
> Marie

Vous répondez à votre amie. Vous la remerciez et vous acceptez son invitation. Vous lui demandez des précisions sur le rendez-vous. Vous lui proposez des idées de film (titre, acteurs, histoire). (60 mots minimum)

Objet : Re: cinéma

121

PARTIE 3

D comme... DELF

ACTIVITÉ 4

Vous recevez ce message d'une collègue de travail belge.

> De : dorothée@travail.be
> Objet : fête de départ
>
> Bonjour,
>
> J'aimerais organiser une petite fête au travail pour le départ en retraite de Gérard. Est-ce que tu veux participer ? J'ai pensé à préparer des petites choses à manger.
>
> Dis-moi ce que tu en penses.
> Dorothée

Vous répondez à votre collègue. Vous la félicitez pour son idée. Vous acceptez l'invitation. Vous lui posez des questions et vous proposez des idées pour l'organisation de la fête.
(60 mots minimum)

Objet : Re: fête de départ

Production ECRITE

ACTIVITÉ 5

Vous recevez ce faire-part dans votre boîte aux lettres.

Alice et Florian

vous annoncent leur mariage
qui sera célébré le 6 juin à 16 heures
à la mairie d'Étampes.

Après la cérémonie, vous êtes invité à fêter le mariage
dans le jardin des mariés à la Ferté-Alais
à partir de 19 heures.

Réponse attendue avant le 6 avril

Vous envoyez une lettre à vos amis pour les féliciter. Vous acceptez l'invitation, vous dites avec qui vous allez venir et vous demandez des informations sur le mariage.
(60 mots minimum)

PARTIE 3

D comme... DELF

ACTIVITÉ 6

Vous recevez ce message de votre professeur de français.

De : samuel.hulin@ecole-francaise.fr
Objet : exposition

Bonjour,

L'école de langues organise une sortie pour voir l'exposition « Paris ». Si vous êtes intéressé(e), contactez-moi avant la semaine prochaine.

Samuel Hulin

Vous répondez à votre professeur. Vous le remerciez pour la proposition et vous acceptez l'invitation. Vous posez des questions sur l'exposition (thème, prix, lieu, transports, etc.). (60 mots minimum)

Objet : Re: exposition

Production ÉCRITE

ACTIVITÉ 7

Vous recevez ce courriel d'un ami français.

De : vladimir@courriel.fr
Objet : théâtre

Salut ! Ça va ?

Samedi, je vais jouer dans une pièce de théâtre amateur : « Le malade imaginaire » de Molière. Est-ce que tu veux venir me voir ?

Bisous,

Vladi

Vous répondez à votre ami. Vous le remerciez et vous confirmez votre présence. Vous lui demandez plus d'informations (horaires, tarifs) et vous lui proposez de sortir après la pièce. (60 mots minimum)

Objet : Re: théâtre

PARTIE 3

D comme... DELF

ACTIVITÉ 8

Vous recevez ce message de votre amie québécoise.

De : geneviève@genre.ca
Objet : concert jeudi soir

Salut !

Ça va ? J'ai deux places pour le concert des Cowboys fringants. Est-ce que tu veux y aller avec moi ? C'est jeudi soir.

Écris-moi vite !
Geneviève

Vous répondez à Geneviève. Vous la remerciez et vous acceptez son invitation. Vous lui demandez des informations sur le concert (lieu, horaire) et vous lui proposez de sortir après le spectacle. (60 mots minimum)

Objet : Re: concert jeudi soir

Production ÉCRITE

ACTIVITÉ 9

Vous recevez ce message d'un ami francophone.

> De : zackary@nuage.eu
> Objet : voyage
>
> Bonjour,
>
> Comment vas-tu ? Cet été, je veux voyager pendant un mois. Est-ce que tu veux venir avec moi ? On peut choisir un pays et des activités à faire.
>
> Gros bisous !
> Zack

Vous répondez à votre ami. Vous le remerciez et vous acceptez sa proposition. Vous demandez des informations sur les dates du voyage. Vous dites quel pays vous souhaitez visiter et les activités que vous voulez faire. (60 mots minimum)

> Objet : Re: voyage

PARTIE 3

D comme... DELF

B. Refuser une invitation

ACTIVITÉ 10

Vous recevez ce message d'un ami québécois.

De : davy@genre.ca
Objet : Match de hockey

Salut !

Ça va ? J'ai deux places pour le match de hockey sur glace de samedi soir ! J'espère que les Canadiens* vont gagner. Tu veux venir avec moi ?

À bientôt !

Davy

* Les Canadiens de Montréal : équipe de hockey sur glace professionnel de la ville de Montréal, au Québec.

Vous répondez à Davy. Vous le remerciez. Vous refusez son invitation et vous lui expliquez pourquoi vous ne pouvez pas venir. Vous lui proposez une autre sortie. (60 mots minimum)

Objet : Re: Match de hockey

Production ECRITE

ACTIVITÉ 11

Vous recevez ce message publicitaire d'une école de langues.

> De : nelly.launay@franceformation.fr
> Objet : cours de français
>
> Madame, Monsieur,
>
> Vous avez toujours rêvé d'apprendre le français ? Vous êtes invité(e) à la journée portes ouvertes le lundi 12 mars pour découvrir nos offres de formation.
>
> Je reste disponible pour toute information.
>
> Nelly Launay,
> France formation

Vous écrivez un message à Nelly Launay. Vous la remerciez. Vous refusez son invitation et vous lui expliquez pourquoi. Vous lui posez quelques questions. (60 mots minimum)

Objet : Re: cours de français

PARTIE 3

D comme... DELF

ACTIVITÉ 12

Vous recevez ce message d'un ami réunionnais.

De : olivier@abc.fr
Objet : invitation

Salut !

Ma famille t'invite à manger samedi midi prochain. Mon père va préparer une spécialité réunionnaise : un cari de poulet ! Tu es dispo ?

Réponds-moi avant jeudi pour me dire si tu viens.

Olivier

Vous répondez à votre ami. Vous le remerciez. Vous refusez son invitation. Vous vous excusez et vous lui expliquez pourquoi vous ne pouvez pas venir. Vous lui proposez un autre rendez-vous. (60 mots minimum)

Objet : Re: invitation

Production ÉCRITE

ACTIVITÉ 13

Vous recevez ce message d'un ami guadeloupéen.

De : franck@courriel.fr
Objet : théâtre

Bonsoir,

Est-ce que tu veux venir au théâtre avec moi ? Je suis disponible jeudi soir. Ça te dit ?
Réponds-moi ce soir.

Franck

Vous répondez à Franck. Vous vous excusez. Vous refusez son invitation et vous lui expliquez pourquoi vous ne pouvez pas venir. Vous proposez une autre sortie.
(60 mots minimum)

Objet : Re: théâtre

PARTIE 3

D comme... DELF

ACTIVITÉ 14

Vous travaillez au Mali. Vous recevez ce message d'un collègue.

De : moussa.traore@travail.ml
Objet : réunion de travail

Bonjour,

Je te propose une réunion pour travailler sur un nouveau projet jeudi prochain à 10 h 00.
Est-ce que c'est bon pour toi ?

Bonne journée,

Moussa

Vous répondez à votre collègue. Vous le remerciez mais vous refusez l'invitation. Vous lui expliquez pourquoi vous ne pouvez pas venir. Vous lui posez des questions sur ce projet. (60 mots minimum)

Objet : Re: réunion de travail

Production ÉCRITE

ACTIVITÉ 15

Vous recevez ce message d'une amie martiniquaise.

De : alexandra@antilles.fr
Objet : Nouveau cours de karaté

Bonjour,

Il y a un nouveau cours de karaté dans mon quartier. La première leçon est gratuite. Est-ce que tu veux venir avec moi mardi soir ?

Bises,

Alexandra

Vous répondez à Alexandra. Vous refusez sa proposition. Vous vous excusez et vous lui expliquez pourquoi vous ne pouvez pas l'accompagner. Vous lui proposez un autre rendez-vous. (60 mots minimum)

Objet : Re: Nouveau cours de karaté

PARTIE 3

D comme... DELF

ACTIVITÉ 16

Vous recevez ce message d'une amie française.

De : lucile@courriel.fr
Objet : concert

Salut !

Ça t'intéresse de venir voir un concert de rock vendredi ? Audrey et Dominique ne pourront pas venir, mais Erwana et Mila seront là !
J'attends ta réponse avant de réserver les billets !

Lucile

Vous répondez à votre amie. Vous la remerciez. Vous refusez son invitation et vous lui expliquez pourquoi vous ne pouvez pas y aller. Vous lui proposez une autre sortie. (60 mots minimum)

Objet : Re: concert

Production ÉCRITE

ACTIVITÉ 17

Votre amie française vous envoie ce message.

De : guénola@courriel.fr
Objet : café et ciné ?

Bonjour,

Comment vas-tu ? Est-ce que tu es libre samedi ? Si tu veux, nous pouvons aller boire un café et aller au cinéma. Qu'est-ce que tu en penses ?

À bientôt,
Guénola

Vous répondez à Guénola. Vous refusez son invitation et vous vous excusez.
Vous lui expliquez pourquoi vous n'êtes pas disponible et vous lui proposez une autre sortie.
(60 mots minimum)

Objet : Re: café et ciné ?

PARTIE 3

D comme... DELF

C. Réagir à un message

ACTIVITÉ 18

Vous recevez ce message d'une amie marocaine.

De : naura@abc.ma
Objet : week-end

Salut,

Amin a fêté son anniversaire samedi, c'était super !
Et toi, tu as passé un bon week-end ?

À bientôt,
Naura

Vous répondez à votre amie. Vous la remerciez pour son message. Vous lui posez des questions sur son week-end. Vous lui racontez ce que vous avez fait.
(60 mots minimum)

Objet : Re: week-end

Production ÉCRITE

ACTIVITÉ 19

Vous habitez au Québec. Votre professeur de français envoie un message à toute la classe.

> De : philippe.gosson@courriel.ca
> Objet : Forum
>
> Bonjour à tous,
>
> J'espère que vous allez bien. Nous avons un nouveau forum sur Internet. Je demande à chaque étudiant d'écrire une présentation personnelle pour décrire son activité préférée (sport, loisir, etc.).
>
> Merci,
> PG

Vous vous connectez sur le forum de votre école. Vous répondez au professeur. Vous écrivez une présentation personnelle (nom, âge, domicile, etc.) et vous présentez votre activité préférée. Vous expliquez pourquoi vous aimez cette activité.
(60 mots minimum)

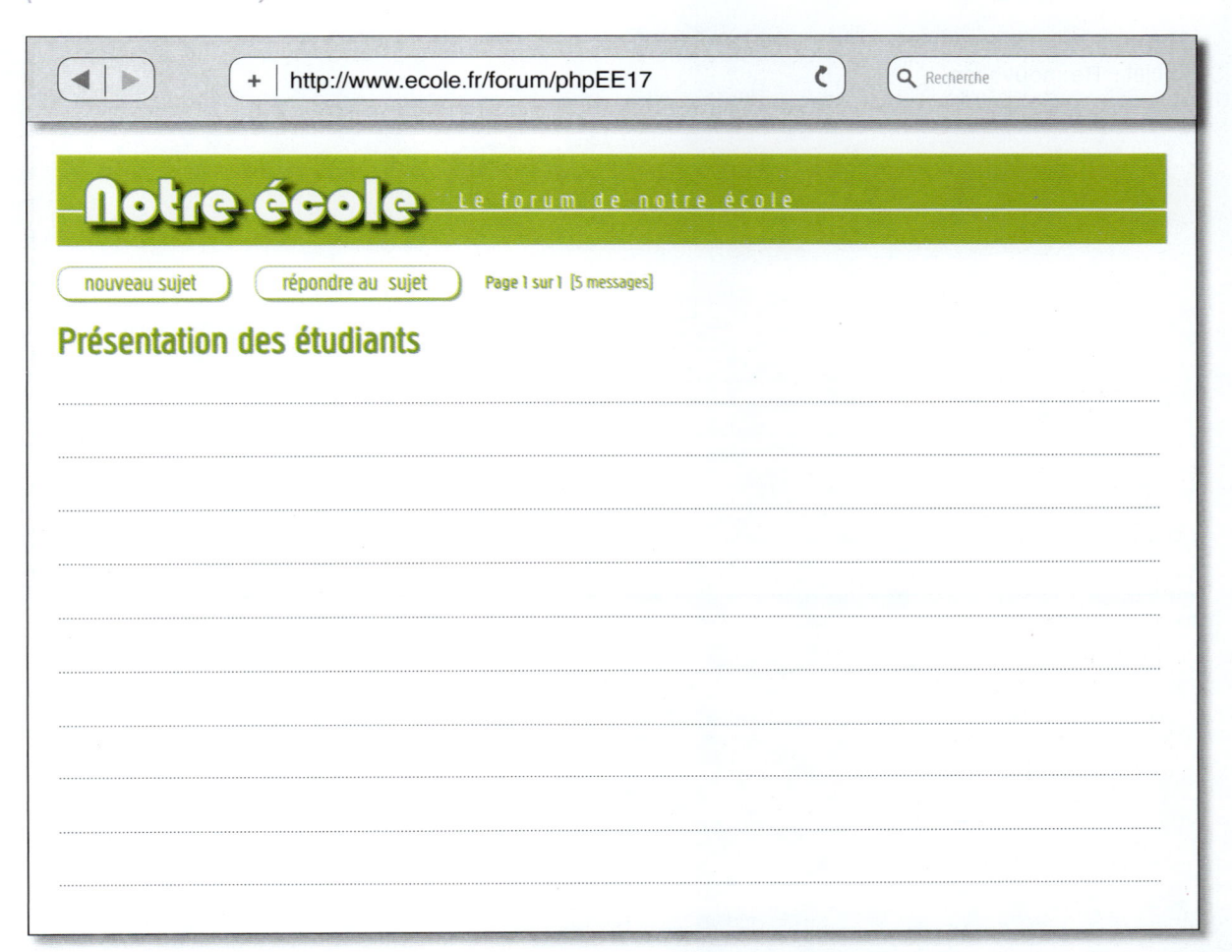

http://www.ecole.fr/forum/phpEE17

Notre école — Le forum de notre école

[nouveau sujet] [répondre au sujet] Page 1 sur 1 [5 messages]

Présentation des étudiants

PARTIE 3

D comme... DELF

ACTIVITÉ 20

Votre recevez ce message d'une amie française.

> De : nathalie@fmail.fr
> Objet : nouvelles
>
> Salut !
>
> Comment ça va ? Ça fait longtemps ! Qu'est-ce que tu fais en ce moment ?
> Moi, je vais bien, je prends des cours dans une école de cuisine.
>
> À bientôt, j'espère !
> Bises,
> Nathalie

Vous répondez à votre amie. Vous la remerciez pour son message. Vous lui posez des questions sur ses activités et vous lui donnez de vos nouvelles (famille, travail, activités, etc.).
(60 mots minimum)

Objet : Re: nouvelles

Production ÉCRITE

ACTIVITÉ 21

Votre amie française vous envoie ce message.

De : valérie@courriel.fr
Objet : nouveau logement

Bonjour,

Tu vas bien ? Kennie m'a dit que tu as un nouveau logement. Quand as-tu déménagé ? Comment est ton logement ? J'espère que je pourrai le visiter bientôt.

Bisous,
Valérie

Vous répondez à Valérie. Vous la remerciez pour son message. Vous lui dites quand vous êtes arrivé(e) dans votre nouveau logement et vous le décrivez (situation géographique, les pièces, la décoration). (60 mots minimum)

Objet : Re: nouveau logement

PARTIE 3

D comme... DELF

ACTIVITÉ 22

Votre recevez ce message d'un ami suisse.

> Salut !
>
> Alors tes vacances ? Ça s'est bien passé ? Moi, je suis rentré ce matin. Je suis parti à la montagne pendant une semaine, j'en ai bien profité.
>
> Donne-moi des nouvelles !
>
> Simon

Vous répondez à votre ami. Vous le remerciez pour son message. Vous lui posez des questions sur ses vacances. Vous lui racontez ce que vous avez fait.
(60 mots minimum)

Production ÉCRITE

ACTIVITÉ 23

Votre recevez ce message de votre amie belge.

> De : hélène@courriel.fr
> Objet : Promotion
>
> Bonjour,
>
> Ça va ? J'ai une bonne nouvelle : j'ai eu une promotion. J'ai commencé mon nouveau travail la semaine dernière. Je suis contente. Et toi, tout va bien ?
>
> Bises,
>
> Hélène

Vous répondez à Hélène. Vous la félicitez et vous lui posez des questions sur son nouveau travail. Vous lui proposez une sortie. (60 mots minimum)

Objet : Re: Promotion

PARTIE 3

D comme... DELF

ACTIVITÉ 24

Vous êtes en France. Vous recevez ce message d'une amie canadienne.

> De : aurore@courriel.ca
> Objet : cadeau
>
> Salut,
>
> Bon anniversaire ! Je t'ai envoyé un petit cadeau du Canada par la Poste. Tu l'as reçu ? Tu me diras ce que tu en penses.
>
> À bientôt,
> Aurore

Vous répondez à votre amie. Vous la remerciez et vous répondez à ses questions. Vous lui demandez et vous lui donnez des nouvelles. (60 mots minimum)

Objet : Re: cadeau

Production ECRITE

ACTIVITÉ 25

Vous recevez ce message de votre ami suisse.

De : florian@courriel.ch
Objet : Salut

Salut !

Ça va ? Je suis content. Je pars bientôt en voyage. Mon avion part de Genève dimanche prochain. Je veux te voir à mon retour dans 2 semaines !

Bisous !
Flo

Vous répondez à votre ami. Vous demandez des précisions sur son voyage (destination, activités) et vous proposez une sortie à son retour. (60 mots minimum)

Objet : Re: Salut

Production ORALE

A comme... *aborder la production orale* **145**
    Description de l'épreuve 145
    Pour vous aider... 145

B comme... *brancher* **147**
    I Entretien dirigé 147
    II Monologue suivi   ACTIVITÉ 1 147
    III Exercice en interaction   ACTIVITÉ 1 147

C comme... *contrôler la production orale* **148**
    Grille d'évaluation 148
    Critères de la grille d'évaluation 148
    I Entretien dirigé 148
    II Monologue suivi 148
    III Exercice en interaction 149
    IV Partie linguistique pour les trois activités 149
    Propositions de correction 150
    I Entretien dirigé 150
    II Monologue suivi   ACTIVITÉ 1 150
    III Exercice en interaction   ACTIVITÉ 1 150

D comme... *DELF* **151**
    I Entretien dirigé 151
Préparer l'entretien dirigé   ACTIVITÉS 1 à 2 151
    II Monologue suivi 151
A. Parler de ses loisirs   ACTIVITÉS 2 à 11 151
B. Parler de sa vie quotidienne   ACTIVITÉS 12 à 19 152
C. Parler de son travail   ACTIVITÉS 20 à 24 153
    III Exercice en interaction 154
A. Interagir dans la vie quotidienne   ACTIVITÉS 2 à 12 154
B. Interagir dans un lieu public   ACTIVITÉS 13 à 20 156
C. Interagir au travail   ACTIVITÉS 21 à 24 157

A comme... aborder la production orale

Description de l'épreuve

L'épreuve de **production orale** est l'épreuve individuelle du DELF A2.
Vous avez 10 minutes pour préparer le monologue suivi (partie 2) et l'exercice en interaction (partie 3).
Ensuite, l'examen oral dure entre 6 et 8 minutes. Vous passez seul(e) devant l'examinateur.
L'épreuve de production orale se déroule en trois parties :

- **L'entretien dirigé** (1 minute 30 environ)

Vous vous présentez à l'examinateur. Vous lui donnez des informations personnelles sur vous-même, votre famille, etc. Vous répondez à des questions sur des sujets familiers.
Cette partie n'est pas à préparer.

- **Le monologue suivi** (2 minutes environ)

Avant l'examen, vous tirez 2 sujets au sort. Vous en choisissez **1**.
Pendant l'oral, vous répondez aux questions qui figurent sur le sujet que vous avez choisi.
Vous pouvez consulter vos notes pendant le monologue. L'examinateur peut vous poser quelques questions complémentaires, mais ce n'est pas obligatoire.

- **L'exercice en interaction** (3 ou 4 minutes environ)

Avant l'examen, vous tirez 2 sujets au sort. Vous en choisissez **1**.
Pendant l'oral, vous simulez une situation de communication avec l'examinateur. Un rôle est attribué au candidat, l'autre rôle à l'examinateur. Vous pouvez consulter vos notes pendant l'interaction.

Pour vous aider...

Voici quelques conseils pour vous aider à préparer l'épreuve de production orale.

La préparation (10 minutes)

→ Saluez l'examinateur.
→ Tirez au sort 2 sujets pour la partie 2 (monologue suivi) et 2 sujets pour la partie 3 (exercice en interaction).
→ Choisissez **un** sujet pour **chaque** partie.

Les 3 épreuves (entre 6 et 8 minutes)

Pendant toute l'épreuve de production orale, vous devez prendre la parole. Par exemple, lorsque l'examen commence, vous devez saluer l'examinateur. Rappelez-vous que l'examinateur est là pour vous évaluer et aussi vous aider si vous rencontrez des difficultés.

→ Pensez à saluer et à vouvoyer l'examinateur : c'est un examen officiel, il faut rester formel !
→ Essayez de rester naturel, souriant et de bien articuler.
→ Soyez confiant(e) : il est normal d'hésiter et de faire des erreurs. Vous pouvez également demander à l'examinateur de répéter ou reformuler une question si vous n'avez pas compris.
→ Soyez stratégique : vous avez oublié un mot ? Essayez de reformuler, d'expliquer ce que vous voulez dire d'une autre manière.
→ L'examinateur prend des notes ? Ne vous inquiétez pas, il note les éléments positifs et les éléments à améliorer.

L'entretien dirigé

Pendant l'entretien, prenez l'initiative de la parole et présentez-vous. Parlez de vous-même de façon simple et directe. L'examinateur peut également vous poser des questions.

Il est inutile de mémoriser une description personnelle avant l'examen. L'examinateur veut entendre une présentation spontanée. Il va aussi vous poser des questions. Essayez de ne pas répondre seulement par « oui » ou par « non ». Donnez des détails.

Le monologue suivi

Quand l'examinateur vous donne la parole pour la deuxième partie, prenez l'initiative et répondez seul aux questions posées sur le sujet (il est inutile de lire ces questions à l'examinateur). Vous devez parler seul(e) pendant 2 minutes environ.

L'examinateur vous posera peut-être quelques questions complémentaires pour avoir des précisions. S'il ne vous pose pas de questions, c'est qu'il juge que votre monologue est assez complet. Dans les deux cas, restez confiant(e).

→ Consultez la partie *B comme... brancher* pour voir un exemple de sujet.

L'exercice en interaction

Pendant la préparation, vous pouvez utiliser votre brouillon pour noter les propositions et/ou les questions que vous poserez à l'examinateur.

Pour commencer l'exercice en interaction, c'est à vous de prendre la parole pour saluer et d'exposer le problème à votre interlocuteur. Selon le contexte, vous tutoyez l'examinateur dans une situation informelle (par exemple, si l'examinateur joue le rôle de votre ami français) et vous le vouvoyez dans une situation formelle (par exemple, si l'examinateur joue le rôle d'un employé). Vous pouvez demander à l'examinateur, avant l'activité, si vous devez lui dire « tu » ou lui dire « vous » pour cette situation.

Pensez à consulter votre brouillon si nécessaire, mais rappelez-vous que l'examinateur peut accepter ou refuser vos propositions. Vous devez être capable de trouver un accord.

→ Consultez la partie *B comme... brancher* pour voir un exemple de sujet.

B comme... *brancher*

Pour préparer l'épreuve de production orale, réalisez les activités suivantes. Pensez à appliquer les recommandations données dans la partie *A comme... aborder la production orale*.

I Entretien dirigé

Après avoir salué l'examinateur, vous vous présentez.

II Monologie suivi

ACTIVITÉ 1

Voyages
Où aimez-vous voyager ? Quel est votre pays préféré ? Pourquoi ?

III Exercice en interaction

ACTIVITÉ 1

Vacances
Vous passez un mois à Toulouse en France. Vous souhaitez suivre un cours de français dans une école de langues de la ville. Vous y allez pour demander des informations. Vous expliquez au réceptionniste quel type de cours vous cherchez, vous lui posez des questions et vous vous inscrivez.
L'examinateur joue le rôle du réceptionniste de l'école de langues.

Évaluez vos réponses à la page suivante.

C comme... contrôler la production orale

Après avoir réalisé les activités, vous pouvez évaluer vos réponses à l'aide de la grille d'évaluation et de la proposition de correction.

Grille d'évaluation

L'examinateur utilise une grille d'évaluation de la production orale. C'est la même grille pour tous les candidats du DELF A2.

La production orale est notée sur **25 points**.
- Les 3 parties de l'épreuve sont notées sur **15 points** :
    – L'entretien dirigé est noté sur 4 points,
    – Le monologue suivi est noté sur 5 points,
    – L'exercice en interaction est noté sur 6 points ;
- Pour l'ensemble des trois épreuves, le niveau linguistique est noté sur **10 points** :
    – Le lexique est noté sur 3 points,
    – La morphosyntaxe est notée sur 4 points,
    – La maîtrise du système phonologique est notée sur 3 points.

Critères de la grille d'évaluation

I Entretien dirigé

Peut établir un contact social, se présenter et décrire son environnement familier.	0	0,5	1	1,5	2	2,5	3

→ Ce critère permet de vérifier que vous pouvez donner des informations simples sur vous-même, ainsi que sur des sujets familiers (par exemple : votre famille, vos amis, vos loisirs, etc.).

Peut répondre et réagir à des questions simples. Peut gérer une interaction simple.	0	0,5	1

→ Ce critère permet de vérifier que vous pouvez comprendre des questions simples portant sur vous, ainsi que sur vos loisirs, vos goûts, etc.
Vous êtes également capable de demander à votre interlocuteur de répéter si nécessaire.

II Monologue suivi

Peut présenter de manière simple un événement, une activité, un projet, un lieu, etc., liés à un contexte familier.	0	0,5	1	1,5	2	2,5	3

→ Ce critère permet de vérifier que vous pouvez parler seul(e) et de façon continue de votre expérience personnelle sur un sujet familier. L'examinateur peut vous poser des questions si nécessaire.

Peut relier entre elles les informations apportées de manière simple et claire.	0	0,5	1	1,5	2

→ Ce critère permet de vérifier que vous avez un discours clair et logique. Vos idées s'enchaînent à l'aide de connecteurs simples si besoin (et, alors, mais, parce que, etc.).

III Exercice en interaction

| Peut demander et donner des informations dans des transactions simples de la vie quotidienne. Peut faire, accepter ou refuser des propositions. | 0 | 0,5 | 1 | 1,5 | 2 | 2,5 | 3 | 3,5 | 4 |

→ Ce critère permet de vérifier que vous êtes capable de commencer une interaction avec quelqu'un, de poser des questions, de faire des propositions et de trouver un accord avec votre interlocuteur en fonction de la situation du sujet.

| Peut entrer dans des relations sociales simplement mais efficacement, en utilisant les expressions courantes et en suivant les usages de base. | 0 | 0,5 | 1 | 1,5 | 2 |

→ Ce critère permet de vérifier que vous êtes capable de respecter :
• les règles de politesse (salutations, remerciements, etc. adaptés au destinataire) :
• la façon de s'adresser au destinataire (utilisation du *tu* dans une situation formelle et du *vous* dans une situation informelle).

IV Partie linguistique pour les trois activités

LEXIQUE, MORPHOSYNTAXE ET MAÎTRISE DU SYSTÈME PHONOLOGIQUE

| **Lexique (étendue et maîtrise)** Peut utiliser un répertoire limité mais adéquat pour gérer des situations courantes de la vie quotidienne. | 0 | 0,5 | 1 | 1,5 | 2 | 2,5 | 3 |

→ Ce critère permet de vérifier que vous êtes capable d'utiliser le vocabulaire de niveau A2 approprié à la situation de communication.

| **Morphosyntaxe** Peut utiliser des structures et des formes grammaticales simples. Le sens général reste clair malgré la présence systématique d'erreurs élémentaires. | 0 | 0,5 | 1 | 1,5 | 2 | 2,5 | 3 | 3,5 | 4 |

→ Ce critère permet de vérifier que vous pouvez utiliser les règles de base de grammaire et de conjugaison de niveau A2.
Vous êtes aussi capable de formuler des phrases simples, bien construites.

| **Maîtrise du système phonologique** Peut s'exprimer de façon suffisamment claire. L'interlocuteur devra parfois faire répéter. | 0 | 0,5 | 1 | 1,5 | 2 | 2,5 | 3 |

→ Votre prononciation est claire dans l'ensemble, même si l'examinateur vous demande parfois de répéter ce que vous dites.

Propositions de correction

I — Entretien dirigé (environ 1 minute 30)

Après avoir salué l'examinateur, vous vous présentez.

Concrètement, vous pouvez parler de : vous-même, votre famille, vos amis, votre maison, votre quartier, votre ville, vos loisirs (loisirs culturels, voyages, sport, etc.), vos vacances, votre travail, etc.
L'examinateur peut vous poser des questions complémentaires. Ces questions porteront toujours sur des sujets familiers et votre expérience personnelle.

L'entretien dirigé dure environ 1 minute 30. Par exemple, vous pouvez parler de vous-même, votre famille et de vos loisirs.
L'examinateur peut vous poser une question complémentaire comme : *pouvez-vous me parler de votre quartier ? Pourquoi est-ce que vous aimez ce quartier ?*
Inutile de préparer l'entretien, votre présentation doit être spontanée.

II — Monologue suivi (environ 2 minutes)

ACTIVITÉ 1

Vous pouvez parler des endroits où vous aimez voyager et expliquer pourquoi vous aimez cet endroit. On peut aimer un pays pour son histoire, sa beauté esthétique, sa population accueillante, sa cuisine, ses monuments, son climat, etc.
L'examinateur peut vous demander par exemple : *quelles activités vous aimez faire quand vous êtes en voyage ?*
Si vous aimez voyager à Paris, vous pouvez dire ce que vous aimez faire : visiter la Tour Eiffel et le Louvre, voir un spectacle au Moulin rouge, vous promener au bord de la Seine, etc.

III — Exercice en interaction (environ 3 ou 4 minutes)

ACTIVITÉ 1

Pensez au contexte : l'examinateur joue le rôle du réceptionniste. La situation est formelle, donc vous devez le vouvoyer.

- Vous pouvez expliquer quel type de cours vous cherchez : un cours de français standard, une classe de conversation, une préparation au DELF A2...
- Vous pouvez aussi demander qui fréquente cette école : est-ce qu'il y a beaucoup d'étudiants de votre nationalité ? Quelle est la nationalité la plus représentée ?
- Vous pouvez également vous intéresser à la situation géographique de l'école et demander quels sont les lieux intéressants à proximité et/ou les activités culturelles disponibles dans le quartier.
- Vous pouvez lui demander si l'école propose seulement des cours de français ou s'il est possible de faire d'autres activités en français, comme par exemple une visite guidée de la ville.
- Pendant l'inscription, vous devez pouvoir donner des informations personnelles. Et connaître les tarifs ! N'hésitez pas à poser des questions sur les prix.

Pour terminer l'interaction, pensez à remercier le réceptionniste et à prendre congé.

PARTIE 4

D comme... DELF

I. Entretien dirigé

Préparer l'entretien dirigé

ACTIVITÉ 1

Entraînez-vous à parler seul pendant 1 minute sur 3 thèmes parmi les thèmes suivants :
- Votre famille
- Votre travail
- Vos loisirs
- Vos projets pour ce week-end
- Vos amis

Essayez de donner le plus de détails possibles, par exemple :
- des caractéristiques physiques ou psychologiques
- des exemples d'activités
- ce que vous aimez et/ou ce que vous n'aimez pas faire
- pourquoi vous aimez quelque chose
- etc.

ACTIVITÉ 2

L'examinateur peut vous poser des questions pendant l'entretien dirigé. Essayez de répondre à ces questions :
- Est-ce que vous pouvez vous présenter ?
- Est-ce que vous faites du sport ? Lequel ?
- Est-ce que vous pouvez me parler de votre profession/vos études ?
- Quel type de musique est-ce que vous aimez écouter ?
- Est-ce que vous pouvez me raconter vos dernières vacances ?
- Qu'est-ce que vous faites pendant votre temps libre ?
- Est-ce que vous pouvez me parler de votre famille ?
- Quel est votre livre/film préféré ? Pourquoi ?
- Pour quelles raisons est-ce que vous étudiez le français ?
- Est-ce que vous pouvez me parler de votre quartier/ville ?

II. Monologue suivi

A. Parler de ses loisirs

ACTIVITÉ 2

Prochaines vacances

Avez-vous prévu de partir bientôt en vacances ? Si oui, quelle destination avez-vous choisi ? Est-ce que vous voyagerez seul ou avec quelqu'un ? Si non, qu'est-ce que vous allez faire pendant vos vacances ?

ACTIVITÉ 3

Chanteur

Quel est votre chanteur préféré ? Pourquoi l'aimez-vous ? Quel est son style musical ? Est-ce que vous l'avez déjà vu chanter en concert ?

PARTIE 4

D comme... DELF

ACTIVITÉ 4
Week-end

Racontez ce que vous faites le week-end. Quelles sont vos activités préférées ?
Avec qui aimez-vous passer du temps ?

ACTIVITÉ 5
Film préféré

Quel est votre film préféré ? Pourquoi ? Quel est le genre de ce film ? Qu'est-ce qui se passe dans le film ?

ACTIVITÉ 6
Cinéma

Parlez d'un film que vous avez vu récemment. Est-ce que vous conseillez à un ami d'aller voir ce film ?
Pourquoi ?

ACTIVITÉ 7
Dernières vacances

Racontez vos dernières vacances. Combien de temps avez-vous été en vacances ? Qu'est-ce que vous avez fait ? Où êtes-vous allé(e) ?

ACTIVITÉ 8
Musique

Est-ce que vous écoutez de la musique régulièrement ? Quel genre de musique est-ce que vous préférez ?
Est-ce que vous aimez aller à des concerts ?

ACTIVITÉ 9
Livre

Aimez-vous lire ? Quel genre de livres ? Quel est votre livre préféré ? Votre auteur préféré ?
Pourquoi ? Quel est le dernier livre que vous avez lu ?

ACTIVITÉ 10
Instrument de musique

Quel est votre instrument de musique préféré ? Pourquoi ? Prenez-vous des cours de musique ?
Si vous n'aimez pas la musique, quelle autre activité pratiquez-vous ?

ACTIVITÉ 11
Activités culturelles

Est-ce que votre école de français propose des activités culturelles ? Lesquelles ?
Quelle est votre activité préférée ? Pourquoi ?

B. Parler de sa vie quotidienne

ACTIVITÉ 12
Amis

Parlez de vos amis. Comment sont-ils ? Pourquoi est-ce que vous les aimez ?
Quelles activités faites-vous ensemble ?

Production ORALE

ACTIVITÉ 13
Maison

Décrivez votre maison ou votre appartement. Comment est-il ? Combien de pièces y a-t-il ?
Est-ce que votre logement est loin de votre lieu de travail ?

ACTIVITÉ 14
Les repas du midi

La semaine, avec qui mangez-vous le midi ? Est-ce que c'est un moment de détente ?
Combien de temps avez-vous pour déjeuner ? Qu'est-ce que vous mangez ?

ACTIVITÉ 15
Transports

Comment allez-vous au travail ou à l'université ? Est-ce que votre lieu de travail est loin de votre logement ?
Quels moyens de transport utilisez-vous dans votre vie quotidienne ?

ACTIVITÉ 16
Apprendre le français

Parlez de votre apprentissage du français. Où est-ce que vous l'apprenez ?
Est-ce que le français est une langue difficile ?

ACTIVITÉ 17
Cuisine

Quel est votre plat préféré ? Pourquoi ? Avez-vous déjà goûté la cuisine française ?
Quel plat est-ce que vous voulez tester ?

ACTIVITÉ 18
Séjours linguistiques

Est-ce que vous avez déjà fait un séjour linguistique ? Si oui, où êtes-vous allé(e) ?
Quelles activités avez-vous faites ? Si non, où voulez-vous partir ? Pourquoi ?

ACTIVITÉ 19
Examen

Avez-vous déjà passé un examen de français ? Si oui, lequel ? Est-ce que c'était difficile ?
Pourquoi voulez-vous passer le DELF A2 ?

C. Parler de son travail

ACTIVITÉ 20
Votre profession

Parlez de votre profession. Pourquoi avez-vous choisi cette profession ?
Quelles sont les tâches que vous aimez et que vous n'aimez pas ?

ACTIVITÉ 21
Collègues

Comment sont vos collègues de travail ? Est-ce que vous les voyez en dehors du travail ?
Si oui, quelles sont vos activités ? Avez-vous un collègue préféré ? Pourquoi ?

PARTIE 4

D comme... DELF

ACTIVITÉ 22
Tâches professionnelles

Quelles tâches professionnelles faites-vous régulièrement ? Quelles sont vos tâches préférées ? Pourquoi ?

ACTIVITÉ 23
Projet professionnel

Quelle est votre profession ? Ou quelles études faites-vous ? Quels sont vos projets professionnels actuels ou futurs ?

ACTIVITÉ 24
Une journée de travail

Décrivez une journée de travail typique. Parlez de vos tâches habituelles et de vos collègues.

III Exercice en interaction

A. Interagir dans la vie quotidienne

ACTIVITÉ 2
Programme de la journée

Vous rendez visite à un ami francophone pour la journée.
Vous discutez de ce que vous voulez faire pendant toute cette journée (activités, repas, horaires, etc.).
L'examinateur joue le rôle de l'ami francophone.

ACTIVITÉ 3
Concert

Vous vivez à Lyon en France. Votre ami français vous propose d'aller à un concert.
Vous discutez des artistes, de la date et du prix. Vous choisissez le concert avec votre ami.
L'examinateur joue le rôle de l'ami français.

ACTIVITÉ 4
Cours de cuisine

Vous habitez à Lyon, en France. Un ami français prend des cours de cuisine dans une école.
Vous lui posez des questions sur les cours, les plats et les prix.
L'examinateur joue le rôle de l'ami français.

ACTIVITÉ 5
Fête d'anniversaire

Vous habitez à Montréal. Votre ami québécois vous demande conseil pour sa fête d'anniversaire.
Vous discutez de la date, l'heure, la décoration, la musique et la nourriture à acheter.
L'examinateur joue le rôle de l'ami québécois.

Production ORALE

ACTIVITÉ 6
Activités pour enfants

Vous êtes à Montréal, au Canada. Vous voulez faire une visite ou une activité avec des enfants. Vous demandez des renseignements à un ami québécois (types de musées ou activités proposées, âge, prix, etc.).
L'examinateur joue le rôle de l'ami.

Le Biodôme — L'Amphi-bus — La Ronde

ACTIVITÉ 7
Anniversaire de mariage

Vous habitez à Genève. Les parents de votre ami suisse vont célébrer 30 ans de mariage.
Vous aidez votre ami à organiser une fête surprise. Vous choisissez ensemble le lieu, la décoration et la musique.
L'examinateur joue le rôle de l'ami suisse.

ACTIVITÉ 8
Activités

Vous rendez visite à un ami français. Vous vous mettez d'accord sur les activités que vous allez faire ensemble.
L'examinateur joue le rôle de votre ami français.

ACTIVITÉ 9
Spectacle

Vous habitez en France. Vous voulez voir un spectacle avec votre ami français. Vous choisissez le type de spectacle, la date et le moyen de transport pour y aller.
L'examinateur joue le rôle de l'ami français.

ACTIVITÉ 10
Cadeau d'anniversaire

C'est bientôt l'anniversaire d'une amie. Vous discutez avec un ami francophone pour choisir un cadeau et vous mettre d'accord pour aller l'acheter.
L'examinateur joue le rôle de l'ami francophone.

ACTIVITÉ 11
Activité sportive

Vous habitez à Bruxelles. Vous voulez faire une activité sportive avec votre ami belge.
Vous choisissez ensemble une activité, le jour et l'heure.
L'examinateur joue le rôle de l'ami belge.

PARTIE 4

D comme... DELF

ACTIVITÉ 12

Demander un délai

Vous étudiez dans une université québecoise. Vous devez rendre un dossier aujourd'hui, mais il n'est pas terminé. Vous parlez avec votre professeur, vous lui expliquez pourquoi vous avez besoin de temps et d'une nouvelle date.
L'examinateur joue le rôle du professeur.

B. Interagir dans un lieu public

ACTIVITÉ 13

Magasin de vêtements

Vous êtes en vacances en France. Vous êtes dans un magasin pour acheter un cadeau pour votre frère. Vous demandez des informations sur la taille, les couleurs et le prix des articles.
L'examinateur joue le rôle du vendeur.

ACTIVITÉ 14

Office du tourisme

Vous êtes à Paris, en France. Vous voulez aller à une exposition. Vous allez à l'Office du tourisme. Vous demandez des renseignements sur les expositions (thème, dates, prix, etc.).
L'examinateur joue le rôle de l'employé de l'Office du tourisme.

ACTIVITÉ 15

La Poste

Vous êtes à Bordeaux, en France. Vous avez acheté des cadeaux pour votre famille. Vous allez à la Poste et vous demandez des informations (types d'envoi, prix, durée de l'envoi) pour envoyer les cadeaux.
L'examinateur joue le rôle de l'employé de la Poste.

ACTIVITÉ 16

Cadeaux

Vous êtes à Fort-de-France, en Martinique. Vous voulez acheter des cadeaux pour des amis. Vous allez dans un magasin de souvenirs et vous demandez des renseignements au vendeur sur les articles et les prix.
L'examinateur joue le rôle du vendeur.

ACTIVITÉ 17

DVD

Vous êtes à Bruxelles, en Belgique. Vous voulez louer un DVD pour le regarder avec vos amis francophones. Vous demandez au vendeur des informations sur les films (genre, acteurs, durée, etc.).
L'examinateur joue le rôle du vendeur.

Production ORALE

ACTIVITÉ 18
Activité cuturelle

Vous êtes à Rabat, au Maroc. Vous voulez faire une activité culturelle. Vous allez à l'Institut Français. Vous posez des questions au bureau d'accueil sur les activités, les horaires et le prix.
L'examinateur joue le rôle de l'employé à l'accueil.

ACTIVITÉ 19
Transports

Vous venez d'arriver à Paris, en France. Vous voulez prendre les transports publics. Vous demandez des renseignements à la société des transports (ticket, abonnement, durée des tickets, prix, etc.).
L'examinateur joue le rôle de l'employé de la société des transports.

ACTIVITÉ 20
Téléphone portable

Vous arrivez en France. Vous avez besoin d'un téléphone portable. Vous demandez conseil au vendeur et vous lui posez des questions sur les modèles, les abonnements et les tarifs.
L'examinateur joue le rôle du vendeur.

C. Interagir au travail

ACTIVITÉ 21
Jour de congé

Vous travaillez dans une entreprise en Belgique. Vous avez besoin de prendre un jour de congé.
Vous demandez à parler avec votre responsable : vous discutez de la date et du motif de votre absence.
L'examinateur joue le rôle du responsable.

ACTIVITÉ 22
Présentation de l'entreprise

Vous travaillez à Liège, en Belgique. Un stagiaire vient d'arriver dans votre entreprise. Vous lui présentez l'entreprise (les activités, les clients, etc.) et vous lui parlez de vos tâches professionnelles.
L'examinateur joue le rôle du stagiaire.

ACTIVITÉ 23
Fête de départ

Vous travaillez en France. Votre collègue part de l'entreprise. Vous voulez organiser une fête pour son départ. Vous discutez avec lui du thème de la fête, des invités et de ce que vous allez faire.
L'examinateur joue le rôle du collègue.

ACTIVITÉ 24
Nouveau collègue

Vous vivez en France. Vous avez un nouveau collègue. Il vous pose des questions sur la vie du bureau : date des réunions, endroits où manger le midi, collègues sympas, etc.
L'examinateur joue le rôle du nouveau collègue.

Épreuves TYPES

Delf blanc 1 158

Delf blanc 2 167

Delf blanc 3 175

Delf blanc 1

■ Compréhension orale

EXERCICE 1 ..../5 points

Vous êtes dans un magasin en Belgique. Vous entendez cette annonce. Lisez les questions. Écoutez le document, puis répondez aux questions.

1 • Le magasin *Déco +* ... ./1 point
    a. ❑ vient d'ouvrir.
    b. ❑ n'est pas encore ouvert.
    c. ❑ est ouvert depuis longtemps.

2 • Vous avez .... % de réduction sur les lampes. ..../1 point

3 • Quel autre objet est en promotion ? *(Une réponse attendue)* ..../1 point

4 • Que pouvez-vous gagner ? ..../1 point
    a. ❑   **b.** ❑   **c.** ❑

5 • Que devez-vous faire pour participer ? ..../1 point

EXERCICE 2 ...... /6 points

Vous entendez ce message d'une amie suisse sur votre répondeur.
Lisez les questions. Écoutez le document, puis répondez aux questions.

1. Coralie veut... ...... /1 point
   a. ☐ vous féliciter.
   b. ☐ vous proposer une sortie.
   c. ☐ vous annoncer une nouvelle.

2. Il y a combien de chambres dans l'appartement de Coralie ? ...... /1 point

   ....

3. Quel jour Coralie vous demande-t-elle de venir ? ...... /1 point

   ....

4. Elle vous demande de l'aider à... ...... /1 point
   a. ☐   b. ☐   c. ☐

5. À quelle heure Coralie vous propose-t-elle de venir ? ...... /1 point
   a. ☐ 14h00.
   b. ☐ 16h00.
   c. ☐ 17h00.

6. Qu'est-ce qu'elle vous propose de faire après ? ...... /1 point

   ....

EXERCICE 3 ...... /6 points

Vous écoutez la radio belge. Vous entendez cette annonce.
Lisez les questions. Écoutez le document, puis répondez aux questions.

1. Bel'Zik est un festival de musique... ...... /1 point
   a. ☐ rap.
   b. ☐ rock.
   c. ☐ traditionnelle.

2. Cette année, on peut voir des groupes... ...... /1 point
   a. ☐ belges.
   b. ☐ suisses.
   c. ☐ français.

3. Quel numéro faut-il faire pour acheter les billets ? ...... /1 point

   ....

4. Combien coûte le billet pour le vendredi ? ...... /1 point

   ....

159

5 • Qu'est-ce que vous pouvez gagner ? ...... /1 point

a. ☐   b. ☐   c. ☐

6 • Quel code faut-il donner pour gagner ? ...... /1 point

....

EXERCICE 4 ...... /8 points
(2 points par dialogue)

Vous êtes dans la rue, en France. Vous entendez ces conversations.
Écoutez le document et reliez le dialogue à la situation correspondante.

Dialogue 1 •   • a. Demander son chemin

Dialogue 2 •   • b. Remercier quelqu'un

Dialogue 3 •   • c. Présenter ses excuses

Dialogue 4 •   • d. Demander des nouvelles

Compréhension écrite

EXERCICE 1 ...... /5 points

Vous étudiez en France. Vous consultez les activités de votre université. Vous conseillez une activité à vos amis étudiants.

> Activité n° 1 • Atelier de cuisine québécoise tous les lundis soirs.
> Activité n° 2 • Atelier de jardinage, le mercredi de 18h à 20h.
> Activité n° 3 • Initiation à l'arabe : le jeudi de 19h à 20h30.
> Activité n° 4 • Cours de conversation française, le lundi ou le vendredi de 16h à 18h.
> Activité n° 5 • Café littéraire : tous les jours de 17h à 19h.

Écrivez le numéro d'activité pour chaque personne. (1 point par réponse)

		Activité n° :
a.	Kévin veut apprendre une nouvelle langue.	
b.	Maria étudie en France pendant un an et veut améliorer son français.	
c.	Sylvain lit beaucoup de romans.	
d.	Nina aime la nature.	
e.	Alvin est passionné de gastronomie.	

EXERCICE 2 ...... /6 points

Votre amie française vous envoie ce courriel.

De : veronique@theatre-amateur.fr
Objet : ma pièce de théâtre

Bonjour,

Je t'écris à propos de la pièce de théâtre. Nous allons jouer « Les chaises » d'Eugène Ionesco. Il y aura trois représentations : le jeudi 23 mai à 20h, le samedi 25 mai à 21h et le dimanche 26 mai à 17h. Je peux inviter 2 personnes à chaque représentation. Est-ce que tu veux venir ? Avec qui ? Je ne peux pas t'inviter le dimanche parce que mes parents ont choisi cette date.
Après chaque spectacle, le metteur en scène veut parler avec nous, les acteurs. Mais tu pourras m'attendre à la cafétéria du théâtre et boire un verre. Je te conseille de goûter aux pâtisseries, elles sont délicieuses.

Je vais étudier mon texte avant d'aller dormir.
À bientôt,

Véronique

Répondez aux questions.

1. Combien de personnes Véronique peut inviter pour assister à la pièce ? ..../1,5 point

2. Véronique ne peut pas vous inviter le... ..../1 point
   a. ❏ 23
   b. ❏ 25   mai.
   c. ❏ 26

3. Après le spectacle, Véronique va d'abord... ..../1 point
   a. ❏ changer de tenue.
   b. ❏ parler avec le metteur en scène.
   c. ❏ prendre un verre avec ses invités.

4. Qu'est-ce que vous pouvez manger à la cafétéria ? ..../1,5 point

5. Que va faire Véronique après ce message ? ..../1 point
   a. ❏ Lire.
   b. ❏ Dormir.
   c. ❏ Manger.

EXERCICE 3 ..../6 points

Vous lisez ce dépliant.

■■■■ Règlement d'utilisation des bus du réseau TUP ■■■■

1. Les voyageurs doivent faire signe au conducteur pour monter dans le bus.

2. Pour descendre au prochain arrêt, il faut appuyer sur le bouton « stop ».

3. Pour descendre du bus, le voyageur doit appuyer sur le bouton d'ouverture de la porte.

4. Le voyageur utilise la porte avant pour monter dans le bus et la porte arrière pour descendre.

5. Le voyageur doit valider son ticket pour voyager. S'il n'a pas de ticket, il peut en acheter un au conducteur.

6. Les passagers de moins de 4 ans voyagent gratuitement.

7. Les places assises « prioritaires » sont réservées aux personnes handicapées, aux femmes enceintes et aux personnes âgées. Les voyageurs non prioritaires doivent leur laisser la place.

8. La présence des animaux est interdite, sauf les chiens guides d'aveugle.

9. Il est interdit de fumer dans le bus.

Répondez aux questions.

1. Pour monter dans le bus, vous devez... ..../1,5 point

2 • Quelle sortie faut-il prendre pour descendre du bus ? ..../1 point
   a. ☐   b. ☐   c. ☐

3 • Quand vous montez dans le bus, vous devez... ..../1 point
   a. ☐ valider votre ticket.
   b. ☐ vous diriger au fond du bus.
   c. ☐ indiquer votre prochain arrêt.

4 • Qui peut voyager sans payer ? ..../1,5 point

5 • Dans le bus, vous devez obligatoirement laisser votre place... ..../1 point
   a. ☐ aux enfants.
   b. ☐ aux femmes.
   c. ☐ aux handicapés.

EXERCICE 4 ..../8 points

Vous lisez cet article dans un magazine francophone.

Les pandas du ZooParc de Beauval : adaptation réussie.

Yuan Zi et Huan Huan sont deux pandas géants. Ils sont arrivés à Beauval* en janvier 2012. Aujourd'hui, ils se sont bien adaptés à leur nouvel environnement.

En janvier, le ZooParc de Beauval est devenu la nouvelle maison de Yuan Zi et Huan Huan. Ils vont rester en France pendant 10 ans.

Aujourd'hui, deux experts vétérinaires français suivent leur évolution. Ils sont grands, mais très fragiles.

Comment se passe la vie en France ? Très bien, selon les experts. Yuan Zi et Huan Huan n'aiment pas la chaleur, alors un brouillard artificiel est créé pour les rafraîchir. Ils ont une grande maison en verre. Elle est climatisée et fait 400 m². Ces installations ont coûté 1 700 000 euros.

Yuan Zi et Huan Huan sont-ils amoureux ? Yuan Zi, le mâle, est affectueux. Mais Huan Huan est très timide, elle a besoin de temps pour s'habituer.

Une chose est certaine : ces deux beaux pandas attirent beaucoup de visiteurs. Depuis l'arrivée des pandas, le nombre de visiteurs est passé de 600 000 à 1 000 000 de personnes. Et c'est une bonne nouvelle.

* Le ZooParc de Beauval se situe à Saint-Aignan, dans la région Centre, en France.

D'après l'article « Les pandas du zoo de Beauval : Adaptation réussie ! » par Gaëlle Guitard, in *Télé Star*, n° 1904, 25 mars 2013, p. 24

163

Répondez aux questions.

1. Les pandas sont arrivés au ZooParc de Beauval en... ..../1 point
    a. ❑ début
    b. ❑ milieu   d'année.
    c. ❑ fin

2. Quelle est la nationalité des scientifiques responsables des deux pandas ? ..../1,5 point

3. Vrai ou faux ? Cochez (*X*) la bonne réponse et recopiez la phrase du texte ..../1,5 point
pour justifier votre réponse.

	VRAI	FAUX
Les pandas sont des animaux très forts. Justification :		

4. Vrai ou faux ? Cochez (*X*) la bonne réponse et recopiez la phrase du texte ..../1,5 point
pour justifier votre réponse.

	VRAI	FAUX
Le brouillard artificiel fabrique de la fraîcheur pour les pandas. Justification :		

5. Comment est Yuan Zi avec Huan Huan ? ..../1,5 point

6. Depuis que Yuan Zi et Huan Huan sont arrivés, le ZooParc accueille... ..../1 point
    a. ❑ 600 000
    b. ❑ 1 000 000   visiteurs.
    c. ❑ 1 700 000

Production écrite /25 points

EXERCICE 1 /13 points

Vous êtes allé(e) à un mariage. Vous écrivez à un ami francophone. Vous lui racontez ce que vous avez fait et ce que vous avez mangé. Vous donnez vos impressions. (60 mots minimum)

Objet : mariage

EXERCICE 2 /12 points

Vous recevez ce message d'une amie suisse.

De : julia@courriel.fr
Objet : Pique-nique

Bonjour,
Dimanche, je vais pique-niquer au bord du lac Léman avec des amis. Est-ce que tu veux venir avec nous ? J'attends ta réponse avant samedi midi.
À bientôt !
Julia

Vous répondez à Julia. Vous la remerciez. Vous acceptez son invitation. Vous lui demandez des précisions (heure, endroit exact, qui vient) et vous demandez ce que vous devez apporter. (60 mots minimum)

Objet : Re: Pique-nique

Production orale   /25 points

EXERCICE 1   /5 points

SUJET 1 – Sport

Faites-vous souvent du sport ? Quel est votre sport préféré ? Et votre sportif préféré ? Pourquoi ?

ou *SUJET 2 – Enfance*

Où est-ce que vous avez grandi ? Comment était votre logement ? Quel est votre meilleur souvenir dans cet endroit ?

___

EXERCICE 2   /6 points

SUJET 1 – Menu du jour

Vous êtes dans un restaurant en France. Vous demandez des informations au serveur sur le menu et le plat du jour.
L'examinateur joue le rôle du serveur.

ou *SUJET 2 – Festival musical*

Vous habitez en France. Vous voulez aller à un festival de musique avec votre ami français. Vous discutez ensemble du style musical, de la date et du moyen de transport pour y aller.
L'examinateur joue le rôle de l'ami français.

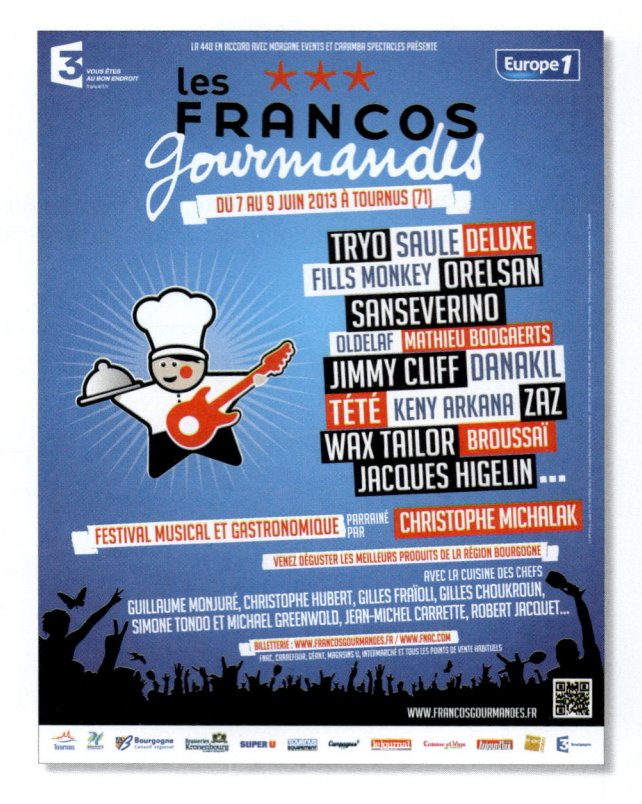

Delf blanc 2

Compréhension orale

EXERCICE 1 .... /5 points

Vous entendez cette annonce dans un magasin en France.
Lisez les questions. Écoutez le document, puis répondez aux questions.

1. Vous bénéficiez de… .... /1 point
   a. ☐ 20 %
   b. ☐ 30 %   de réduction sur les jeux vidéo.
   c. ☐ 40 %

2. Si vous participez au concours, vous pouvez gagner… .... /1 point
   a. ☐   b. ☐   c. ☐

3. Où pouvez-vous vous inscrire pour participer au concours ? .... /1 point

4. Quelle est la date limite de participation ? .... /1 point

5. Quelle information personnelle devez-vous donner ? .... /1 point
   a. ☐ Votre courriel.
   b. ☐ Votre date de naissance.
   c. ☐ Votre numéro de téléphone.

EXERCICE 2

Vous entendez ce message d'une amie française sur votre répondeur. .... /6 points
Lisez les questions. Écoutez le document, puis répondez aux questions.

1. Laura vous appelle pour… .... /1 point
   a. ☐ vous proposer quelque chose.
   b. ☐ vous demander des nouvelles.
   c. ☐ vous conseiller quelque chose.

2. Où veut partir Laura ? .... /1 point

3. Quand ? .... /1 point

4. Pourquoi ? .... /1 point

167

5 • Qu'est-ce que Laura veut voir ? ...... /1 point
   a. ☐   b. ☐   c. ☐

6 • Vous devez demander à Line... ...... /1 point
   a. ☐ des adresses de restaurants.
   b. ☐ la liste des musées intéressants.
   c. ☐ le nom d'une bonne discothèque.

EXERCICE 3

Vous écoutez une émission de radio francophone. ...... /6 points
Lisez les questions. Écoutez le document, puis répondez aux questions.

1 • Depuis quand la Réunion est un département français ? ...... /1 point

2 • La Réunion est la destination conseillée pour... ...... /1 point
   a. ☐   b. ☐   c. ☐

3 • Quelle activité aérienne est mentionnée dans le reportage ? ...... /1 point
   a. ☐ Le parapente.
   b. ☐ L'hélicoptère.
   c. ☐ Le saut à l'élastique.

4 • Quelle activité culturelle est mentionnée ? ...... /1 point
   a. ☐ La poésie.
   b. ☐ Le théâtre.
   c. ☐ Les musées.

5 • Si vous faites de la randonnée, qu'est-ce que vous devez acheter ? ...... /1 point

6 • Vous pouvez appeler l'Office du tourisme de la Réunion au... ...... /1 point

EXERCICE 4 ..../8 points

Vous êtes à une fête avec des amis français. Vous entendez cette conversation. Lisez les questions. Écoutez le document, puis répondez aux questions.

1. • Pourquoi Nicolas n'a pas vu le film d'hier ? ..../2 points
   a. ❏ Il était trop fatigué.
   b. ❏ Il est allé à la piscine.
   c. ❏ Il a mangé avec sa sœur.

2. • Guillaume préfère… ..../2 points
   a. ❏ les comédies.
   b. ❏ les films policiers.
   c. ❏ les films tragiques.

3. • Quand est le rendez-vous pour aller au cinéma ? ..../2 points

4. • Où est le rendez-vous ? ..../2 points

Compréhension écrite

EXERCICE 1 ..../5 points

Vous étudiez à Montréal. Votre école de français propose des activités. Vous choisissez une activité avec vos amis.

Activité n° 1 • Échange de livres : apportez un vieux livre et repartez avec un nouveau livre. Chaque mercredi à 18h.
Activité n° 2 • Ce soir à 20h, diffusion du film français « La chèvre » dans la salle de projection.
Activité n° 3 • Samedi soir, soirée d'improvisations en plein air. Venez faire du théâtre sur le toit de l'école !
Activité n° 4 • Atelier de cuisine chaque samedi. Cuisinez et dégustez vos plats.
Activité n° 5 • Séminaire de philosophie tous les jeudis de 18h à 20h, du 28 mars au 2 mai.

Écrivez le numéro d'activité pour chaque personne. (1 point par réponse)

	Activité n° :
a. Aline est gourmande.	
b. Cyril est un spécialiste du cinéma.	
c. Saïda aime découvrir de nouveaux romans.	
d. Joris adore la réflexion intellectuelle.	
e. Élodie veut être actrice.	

169

EXERCICE 2

.... /6 points

Vous êtes à Bruxelles, en Belgique. Vous recevez ce message d'un ami belge.

> De : jonathan@courriel.be
> Objet : Amandine
>
> ---
>
> Salut,
>
> Comment ça va ? J'espère que tu n'es plus malade.
>
> Est-ce que tu viens à l'anniversaire d'Amandine ? C'est vendredi prochain. Elle organise une super fête pour ses 30 ans ! Patrick ne peut pas venir parce qu'il sera à Paris, c'est vraiment dommage ! Mais je suis sûr qu'on va bien s'amuser.
>
> Je voudrais trouver un cadeau pour Amandine. Est-ce que tu veux l'acheter avec moi ? Je voulais lui prendre un ticket pour le concert de Selah Sue, mais le concert est déjà passé… Donc, je pense lui acheter un nouveau sac, parce qu'elle a perdu son sac à la bibliothèque. C'est une bonne idée, non ?
>
> Jeudi midi, je vais manger avec ma mère au restaurant l'Ultime Atome, rue Saint Boniface. Si tu veux, on peut se retrouver après le déjeuner, à 14h30, à la Porte de Namur. On pourra faire les magasins.
>
> À bientôt !
> Jonathan

Répondez aux questions.

1. • Qu'est-ce qu'Amandine fête ?   .... /1,5 point

2. • Patrick ne peut pas venir à la fête car…   .... /1 point
   - a. ❏ il est malade.
   - b. ❏ il part en voyage.
   - c. ❏ il va au restaurant.

3. • Jonathan vous propose…   .... /1 point
   - a. ❏ de faire les magasins.
   - b. ❏ d'aller à la bibliothèque.
   - c. ❏ de manger au restaurant.

4. • Quel cadeau Jonathan a choisi ?   .... /1 point
   - a. ❏ Un sac.
   - b. ❏ Un voyage.
   - c. ❏ Un concert.

5. • Où est le rendez-vous ?   .... /1,5 point

EXERCICE 3 ..../6 points

Vous lisez cet article sur un site internet francophone.

L'entretien d'embauche
Accueil | Entretien | Forum

Comment réussir son entretien d'embauche ?

Voici quelques conseils pour réussir un entretien professionnel et peut-être avoir le travail de vos rêves !

AVANT L'ENTRETIEN
– Informez-vous ! Il est important de chercher des informations sur l'entreprise et le poste qui vous intéressent.
– Préparez une petite présentation personnelle en quelques minutes. Essayez de réfléchir aux questions qu'on peut vous poser sur vos qualités, vos défauts, etc.

LE JOUR DE L'ENTRETIEN
– Soyez à l'heure ! La ponctualité est une règle très importante au travail. Il est même conseillé d'arriver 10 minutes en avance à l'entretien. Pour être moins stressé, n'hésitez pas à lire un magazine.
– Portez des vêtements adaptés à l'image de l'entreprise. Mais vous devez vous sentir bien dans vos vêtements.
– Soyez poli ! Ne regardez pas votre téléphone pendant l'entretien et écoutez bien votre interlocuteur. Vous pouvez prendre des notes. N'hésitez pas à poser des questions pour montrer votre motivation. Mais ne parlez pas de salaire au premier entretien : attendez plutôt le deuxième rendez-vous.

D'après http://www.letudiant.fr

Répondez aux questions.

1. Pour préparer les questions de l'entretien, à quoi devez-vous réfléchir ? ..../1 point
   a. ☐ Au salaire.   b. ☐ À vos qualités.   c. ☐ À l'heure de l'entretien.

2. Qu'est ce qu'on vous conseille de faire pour être moins stressé ? ..../1 point
   a. ☐   b. ☐   c. ☐

3. Pendant l'entretien, vous ne pouvez pas... ..../1 point
   a. ☐ prendre des notes.   b. ☐ poser des questions.   c. ☐ utiliser votre téléphone.

4. Qu'est-ce que vous pouvez faire pour montrer votre motivation ? ..../1,5 point
   ....

5. Quand pouvez-vous parler du salaire ? ..../1,5 point
   ....

171

EXERCICE 4 ...... /8 points

Vous lisez cet article dans un magazine francophone.

Nous avons testé le restaurant d'Henri Léger, le célèbre cuisinier parisien.

Les gens disent qu'il est talentueux et novateur. En tout cas, *le Gigot* gourmand,* son restaurant, est toujours complet. Le midi, vous avez toujours le choix entre deux entrées, trois plats et deux desserts. Mais le soir, la carte est plus variée. C'est un concept étonnant.

La salle de restaurant est moderne, avec des sièges en cuir blanc et des tables en bois clair. La cuisine est ouverte sur la salle : vous pouvez manger et voir Henri Léger travailler avec son équipe. Vous remarquerez une chose intéressante : Henri Léger est un cuisinier silencieux ! Il donne des ordres avec des gestes

Les serveurs sont sympathiques. Ils vous présentent les spécialités avec beaucoup d'enthousiasme. Henri Léger trouve toujours la sauce parfaite pour le maquereau et le cabillaud. Mais le gigot d'agneau est la plus grande spécialité de monsieur Léger. Tous les amateurs et spécialistes disent que c'est le meilleur gigot de la planète.

Et l'addition ? Pour cette grande gastronomie, est-ce qu'il faut un grand budget ? Non ! Ce restaurant est abordable, pour deux personnes : 56 euros, boissons comprises. Incroyable mais vrai !

* Le gigot est la cuisse de l'agneau.

Répondez aux questions.

1. Vrai ou faux ? Cochez (✗) la bonne réponse et recopiez la phrase du texte pour justifier votre réponse. ...... /1,5 point

	VRAI	FAUX
Le soir, il y a plus de choix de plats que le midi. Justification :		

2. Quelle est la particularité de l'espace de cuisine ? ...... /1,5 point

3. Selon l'auteur de l'article, Henri léger est un cuisinier... ...... /1 point
   a. ☐ discret.   b. ☐ original.   c. ☐ sympathique.

4. Citez une qualité des serveurs. *(Une réponse attendue)* ...... /1,5 point

5. Quelle est la spécialité d'Henri Léger ? ...... /1 point
   a. ☐ L'agneau.   b. ☐ Le cabillaud.   c. ☐ Le maquereau.

6. Vrai ou faux ? Cochez (✗) la bonne réponse et recopiez la phrase du texte pour justifier votre réponse. ...... /1,5 point

	VRAI	FAUX
Le restaurant *le Gigot gourmand* est très cher. Justification :		

Production écrite

........./25 points

EXERCICE 1

........./13 points

Vous écrivez un message à un ami francophone pour lui raconter un voyage que vous avez fait (lieu, date, activités, etc.). Vous dites ce que vous avez aimé et ce que vous n'avez pas aimé. (60 mots minimum)

Objet : voyage

EXERCICE 2

........./12 points

Vous recevez ce message d'une amie suisse.

De : info@ecole_de_francais.eu
Objet : La semaine de la gastronomie

Chers étudiants,
Nous recherchons des volontaires pour participer à la semaine de la gastronomie. Si vous aimez cuisiner et si vous êtes disponible le soir à partir de 18 h, écrivez à Amandine (amandine@ecole_de_francais.eu).

Vous répondez à cette annonce. Vous acceptez de participer à cet événement. Vous proposez de cuisiner des plats de votre pays, vous dites quels ingrédients vous allez utiliser et vous indiquez quand vous êtes disponible. (60 mots minimum)

Objet : Re: La semaine de la gastronomie

Production orale ..../25 points

EXERCICE 1 ..../5 points

SUJET 1 – Télévision

Regardez-vous beaucoup la télévision ? Quelle est votre chaîne préférée ? Et votre émission préférée ? Aimez-vous cette forme de loisir ? Pourquoi ?

ou *SUJET 2 – Au restaurant*

Quelle est votre cuisine préférée ? Est-ce que vous mangez souvent au restaurant ? Dans quel(s) restaurant(s) est-ce que vous aimez aller ?

EXERCICE 2 ..../6 points

SUJET 1 – Projet de voyage

Vous voulez partir en vacances avec un ami francophone. Vous discutez du voyage avec votre ami (lieu, durée, activités, etc.).
L'examinateur joue le rôle de l'ami francophone.

ou *SUJET 2 – Club de sport*

Vous habitez en France. Vous voulez faire du sport. Vous allez au club de sport de votre quartier. Vous demandez des informations sur les activités, les cours, les horaires et les tarifs.
L'examinateur joue le rôle de l'employé

Delf blanc 3

Compréhension orale

EXERCICE 1 ...../5 points

Vous entendez cette annonce dans un magasin en Belgique.
Lisez les questions. Écoutez le document, puis répondez aux questions.

1. Dans quel type de magasin vous entendez cette annonce ? ...../1 point
   a. ☐   b. ☐   c. ☐

2. Le magasin ferme dans... ...../1 point
   a. ☐ 10
   b. ☐ 20   minutes.
   c. ☐ 30

3. Pendant combien de temps le magasin sera-t-il en travaux ? ...../1 point
   ....

4. Pendant les travaux, comment pouvez-vous faire des achats chez Aufour ? ...../1 point
   a. ☐   b. ☐   c. ☐

5. Avec la carte de fidélité, vous bénéficiez d'une réduction de... ...../1 point
   ....

175

EXERCICE 2 /6 points

*L'employé d'un magasin laisse un message sur votre répondeur.
Lisez les questions. Écoutez le document puis répondez aux questions.*

1. • Vous avez commandé… /1 point
   a. ☐   b. ☐   c. ☐

2. • À partir de quand vos articles sont-ils disponibles ? /1 point

   ....

3. • Le soir, le magasin ferme à… /1 point
   a. ☐ 18 h 00.
   b. ☐ 19 h 00.
   c. ☐ 20 h 00.

4. • Pour récupérer vos articles, vous devez présenter… /1 point
   a. ☐ votre facture.
   b. ☐ votre carte bancaire.
   c. ☐ votre carte d'identité.

5. • Jusqu'à quelle date le magasin gardera votre commande ? /1 point

   ....

6. • Vous pouvez appeler le magasin au… /1 point

   ....

EXERCICE 3 ..../6 points

Vous écoutez une émission de radio francophone.
Lisez les questions. Écoutez le document puis répondez aux questions.

1. • Combien de chansons y a-t-il sur le nouveau disque de Poko'M ? ..../1 point

2. • Quel est le style musical du disque ? ..../1 point
   a. ☐ Pop.
   b. ☐ Funk
   c. ☐ Rock.

3. • Comment sont les chansons de Poko'M ? ..../1 point
   a. ☐ Joyeuses.
   b. ☐ Mystérieuses.
   c. ☐ Mélancoliques.

4. • Quand commence la tournée ? ..../1 point

5. • Dans quel pays commence la tournée ? ..../1 point

6. • Si vous participez au concours, vous pouvez gagner… ..../1 point
   a. ☐   b. ☐   c. ☐

EXERCICE 4 ..../8 points
(2 points par dialogue)

Vous entendez ces conversations dans la rue.
Écoutez le document et reliez le dialogue à la situation correspondante.

Dialogue 1 •   • a. Se mettre d'accord sur quelque chose.
Dialogue 2 •   • b. Donner ses impressions.
Dialogue 3 •   • c. Remercier quelqu'un.
Dialogue 4 •   • d. Donner une direction.

177

Compréhension écrite

EXERCICE 1 ...... /5 points

Vous êtes en France. Vous cherchez un parc de loisirs avec vos enfants et petits cousins.

http://www.familiscope.fr

PARC 1
Parc Astérix, à 30 km de Paris
Retrouvez les aventures d'Astérix et Obélix avec des attractions pour les petits et les grands. Venez tester le fameux « Tonnerre de Zeus », ce grand train rapide, si vous osez…
Sensations fortes garanties !

PARC 2
Cigoland, à Kintzheim, en Alsace
Ce parc est parfait pour les plus jeunes enfants. Toutes les attractions sont organisées sur le thème de la cigogne, l'oiseau emblématique de la région de l'Alsace.
De nombreux animaux à observer.

PARC 3
Parc du Puy du Fou, à 70 km de Nantes
Élu « meilleur parc du monde » en 2012 ! Gladiateurs, vikings, mousquetaires… Venez redécouvrir l'Histoire avec des spectacles et des animations spectaculaires !
Nouveauté : les Chevaliers de la Table Ronde.

PARC 4
Parc du Futuroscope, à Poitiers
Le Futuroscope propose des expériences technologiques toujours plus innovantes : films d'animation en 3D et 4D, spectacles nocturnes son et lumière, activités en plein air…
Pour tous les goûts et tous les âges !

PARC 5
Océanopolis, à Brest, en Bretagne
Venez découvrir la faune et la flore des océans. 3 ambiances à visiter : le pavillon polaire (ne pas manquer les manchots !), le pavillon tropical (et ses requins) et le pavillon tempéré (pour observer les phoques).

D'après http://www.familiscope.fr

Écrivez le numéro du parc qui correspond à chaque personne. (1 point par réponse)

	Parc n° :
a. Alice adore les animaux et surtout les oiseaux.	
b. Martin préfère observer les animaux marins.	
c. Louka est passionné par les innovations technologiques.	
d. Ilan aime les spectacles historiques.	
e. Énoha aime les manèges à sensations.	

EXERCICE 2 /6 points

Vous recevez ce message d'une amie française.

> De : aurélie@courriel.fr
> Objet : vacances
>
> Salut,
>
> Est-ce que tu veux partir avec moi en vacances cet été ?
>
> J'ai vu plusieurs offres intéressantes sur Internet :
> – un hôtel à Cefalù, en Sicile. C'est 600 € pour 6 jours. Le billet d'avion est compris dans le prix. On peut visiter la vieille ville et il y a une belle plage où on peut se baigner.
> – On peut aussi louer une villa à Bastia, en Corse. J'aimerais faire de la randonnée en montagne. Mais c'est un peu plus cher : 900 € pour 8 jours, sans le billet d'avion.
> – Troisième proposition : Prague, la capitale tchèque. J'ai très envie de voir la célèbre horloge astronomique. On peut rester 4 jours dans une auberge de jeunesse pour 300 €.
>
> Si tu es d'accord, dis-moi quelle offre tu préfères et quand tu veux partir !
>
> À plus,
> Aurélie

Répondez aux questions.

1 • **Combien coûtent des vacances à Cefalù ?** /1,5 point

2 • **Le séjour en Corse est...** /1 point
  a. ❏ moins cher
  b. ❏ plus cher   que le séjour en Sicile.
  c. ❏ aussi cher

3 • **Qu'est-ce qu'Aurélie veut faire en Corse ?** /1,5 point

4 • **À quel endroit pouvez-vous voir une horloge un peu spéciale ?** /1 point
  a. ❏ À Bastia.
  b. ❏ À Cefalù.
  c. ❏ À Prague.

5 • **À Prague, Aurélie vous propose de loger dans...** /1 point
  a. ❏ un hôtel.
  b. ❏ une villa.
  c. ❏ une auberge.

EXERCICE 3 ..../6 points

Vous lisez ce texte dans un livre de français.

Le DELF A2

Vous allez bientôt passer l'examen du DELF A2 ? Voici quelques conseils pour vous aider.

Compréhension orale et écrite
Lisez bien les questions avant de commencer. Elles vont vous aider à comprendre les documents. Vous n'avez pas besoin de comprendre tous les mots des documents pour répondre aux questions. Le contexte peut vous aider à comprendre le sens général.
Pour la **compréhension orale**, répondez aux questions pendant et après la première écoute. Vous pouvez compléter et vérifier vos réponses avec la seconde écoute.
Pour la **compréhension écrite**, vous allez parfois avoir des questions « vrai/faux » à justifier. Après avoir choisi si l'information est « vraie » ou « fausse », il faut recopier une phrase du document pour justifier votre réponse.

Production écrite
Lisez bien la consigne. Vous pouvez souligner les mots importants pour ne pas oublier les différentes idées à développer. Notez quelques phrases pour chaque idée. Vous pouvez reprendre quelques mots de la consigne, mais utilisez principalement votre vocabulaire.

Production orale
Entraînez-vous à parler seul pendant une minute sur des thèmes familiers comme votre famille, votre travail… Si vous avez un ami francophone, demandez-lui de vous écouter et de vous poser des questions. Essayez de parler lentement et clairement pour bien prononcer, et restez souriant !

Bon courage pour l'examen !

D'après *ABC DELF A2*.

Répondez aux questions.

1 • Qu'est-ce qu'il faut bien lire pour les parties de compréhension orale ou écrite ? ..../1,5 point

2 • Qu'est-ce qui peut vous aider à comprendre le sens des mots ? ..../1,5 point

3 • En compréhension écrite, après avoir coché « vrai » ou « faux », vous devez… ..../1 point
   a. ☐ copier
   b. ☐ expliquer   une phrase du texte.
   c. ☐ reformuler

4 • Pour la production écrite, qu'est-ce qu'on vous conseille de souligner ? ..../1 point
   a. ☐ Le nombre de mots.
   b. ☐ Le vocabulaire difficile.
   c. ☐ Les mots-clés de la consigne.

5 • Comment est-ce qu'on vous conseille de réviser l'épreuve de production orale ? ..../1 point
    a. ☐   **b.**  ☐   **c.** ☐

EXERCICE 4 ..../8 points

Vous lisez cet article dans un magazine francophone.

Une balade à Genève

La ville de Genève est très connue pour son rôle de diplomatie internationale avec, par exemple, le siège de l'ONU. C'est aussi une ville de finances avec 200 organisations internationales. Les trois quarts des visiteurs viennent à Genève pour des raisons professionnelles. Mais Genève est aussi une ville culturelle avec près de 40 musées, un théâtre, un opéra... Elle est donc aussi très intéressante pour les touristes. 
On peut y voir par exemple le fameux jet d'eau, au bord du Lac Léman, qui fait 144 mètres de haut.
Il y a aussi l'horloge fleurie dans le jardin anglais. Ce monument, fait avec de vraies fleurs, est beaucoup pris en photo par les touristes.

Vous pouvez vous balader à pied très facilement dans Genève car c'est une ville très calme.
Genève est une ville très connue pour les montres, les bijoux et le chocolat. Vous pouvez retrouver des boutiques de luxe dans la rue du Rhône, une des rues commerçantes les plus chères au monde.
Si vous aimez sortir le soir, le quartier des Pâquis est parfait pour vous. Vous y trouverez de nombreux restaurants multiculturels : français, africains, japonais, italiens...

D'après *LCF Magazine*, avril 2013
http://www.lcf-magazine.fr/

Répondez aux questions.

1 • Vrai ou faux ? Cochez (✗) la bonne réponse et recopiez la phrase du texte pour justifier votre réponse. ..../1,5 point

	VRAI	FAUX
La majorité des personnes qui viennent à Genève viennent faire du tourisme. Justification :		

2 • Combien y a-t-il d'organisations internationales à Genève ? ..../1 point
    a. ☐ 40.   **b.** ☐ 144.   **c.** ☐ 200.

3 • Vrai ou faux ? Cochez (**X**) la bonne réponse et recopiez la phrase du texte ..../1,5 point
pour justifier votre réponse.

	VRAI	FAUX
L'horloge fleurie est en plastique. Justification :		

4 • Pour quelle raison peut-on se balader sans problème à Genève ? ..../1,5 point

5 • Quelle rue de Genève est une des rues les plus chères du monde ? ..../1,5 point

6 • Pour sortir le soir, on vous conseille d'aller... ..../1 point
   a. ☐ au bord du lac.   **b.** ☐ dans la rue du Rhône.   **c.** ☐ dans le quartier des Pâquis.

Production écrite ..../25 points

EXERCICE 1 ..../13 points

Vous avez un nouveau logement. Vous écrivez un message à un ami pour le décrire (nombre de pièces, caractéristiques, etc.). Vous dites ce que vous aimez dans votre nouveau logement. (60 mots minimum)

Objet : nouvelle maison !

EXERCICE 2 ..../12 points

Vous recevez ce message d'un ami tunisien.

De : abdel@abc.tn
Objet : anniversaire

Salut,
Comment vas-tu ?
Khaled va avoir 35 ans le 8 mars. On peut lui faire une surprise : tu viens chez moi et on organise une fête pour lui. Tu es d'accord ?
Abdel

182

Vous répondez à votre ami. Vous le remerciez pour cette proposition, mais vous refusez. Vous expliquez pourquoi vous ne pouvez pas venir. Vous proposez une autre activité.
(60 mots minimum)

Objet : Re : anniversaire

Production orale /25 points

EXERCICE 1 /5 points

SUJET 1 - Lieu de travail

Décrivez votre lieu de travail. Travaillez-vous dans un bureau ? Comment est-il ? Dites ce que vous aimez et ce que vous n'aimez pas dans votre lieu de travail.

ou *SUJET 2 - Concerts*

Est-ce que vous aimez les concerts ? Si oui, quel est votre type de concert préféré ? Pourquoi ?
Si non, quel autre type de spectacle préférez-vous ? Pourquoi ?

EXERCICE 2 /6 points

SUJET 1 - Au restaurant

Vous vivez en France. Vous voulez aller au restaurant avec un ami français. Vous vous mettez d'accord sur le style de cuisine que vous souhaitez, puis vous choisissez le restaurant, la date et l'heure.
L'examinateur joue le rôle de l'ami français.

ou *SUJET 2 - Club de sport*

Une nouvelle personne arrive dans votre cours de français. Avant le cours, vous lui donnez des informations sur la classe, la salle du cours, les livres utilisés, les autres étudiants, etc.
L'examinateur joue le rôle de la nouvelle personne.

Petits PLUS

Grammaire

Voici quelques points de grammaire à travailler au niveau A2.

I Le passé composé et l'imparfait

Au niveau A2, il est important de bien conjuguer et bien utiliser le passé composé et l'imparfait pour raconter des événements passés, par exemple.

A. LA FORMATION DU PASSÉ COMPOSÉ

Comment former le passé composé ?

SUJET + AVOIR ou ÊTRE + PARTICIPE PASSÉ
        conjugué au présent

Par exemple : **J'ai voyagé** le mois dernier.
              Je suis allé à Abidjan.

Quels verbes conjuguer avec être ?

- Les 15 verbes suivants :

Aller ≠ Venir	Rentrer
Arriver ≠ Partir	Retourner
Naître ≠ Mourir	Rester
Monter ≠ Descendre	Tomber
Entrer ≠ Sortir	Passer

Les dérivés de ces verbes se conjuguent aussi avec **être**.
Par exemple : Je suis *de***venu** ← Je suis **venu** → Je suis *re***venu**

- Les verbes pronominaux (*se*...) se conjuguent aussi avec **être**.
Par exemple : **Je *me* suis amusé** à l'anniversaire de Paul.

- Quand le passé composé se forme avec **être**, le participe passé s'accorde en genre (féminin/masculin) et en nombre (singulier/pluriel).

Au féminin : Elle est all**é**e à Abidjan.
Au pluriel : Ils sont allé**s** à Abidjan. / Elles sont allé**es** à Abidjan.

Le passé composé avec avoir

- Tous les autres verbes se conjuguent avec **avoir**.
Par exemple : Ce matin, j'**ai déjeuné** avec Paul.

- Les verbes avec **avoir** ne s'accordent pas en genre et en nombre.
Par exemple : Il a / Elle a adoré∅ ce film. Ils ont / Elles ont adoré∅ ce film.

Le participe passé

- En général, on forme le participe passé ainsi :

Verbes en -er　　　　　　→ **-é**　　(Man**er** : j'ai mang**é**)
Verbes en -ir　　　　　　→ **-i**　　(Fin**ir** : j'ai fin**i**)
Verbes en -re ou -oir　　→ **-u**　　(Disparaî**tre** : il a dispar**u** / **Voir** : nous avons **vu**)

⚠️ **Attention !!** Il s'agit de généralités. La formation du participe passé reste complexe. Quand vous apprenez un nouveau verbe, vous devez chercher quelle est la forme de son participe passé.

- **Les participes passés irréguliers** les plus courants sont :

Avoir : eu　　　　Faire : fait　　　　Naître : né
Être : été　　　　Devoir : dû　　　　Vivre : vécu

B. LA FORMATION DE L'IMPARFAIT

Comment former l'imparfait ?

- On utilise la base verbale du verbe conjugué à la première personne du pluriel (= nous) du présent :
Nous **dans**ons.

On ajoute la terminaison de l'imparfait :
Je **dans**ais　　　　　　Nous **dans**ions
Tu **dans**ais　　　　　　Vous **dans**iez
Il/elle **dans**ait　　　　Ils/elles **dans**aient

- Il y a une seule exception : **être**. La base verbale est **ét-** et les terminaisons sont identiques :

J'**ét**ais　　　　　　Nous **ét**ions
Tu **ét**ais　　　　　　Vous **ét**iez
Il/elle **ét**ait　　　　Ils/elles **ét**aient

C. LES EMPLOIS DE CHAQUE TEMPS

- *Le passé composé* sert à raconter **des événements ponctuels**.
Exemple : Hier, j'ai vu Lola dans la rue.

On utilise aussi le passé composé quand la période de temps est définie.
Exemple : Je suis née en 1985.
　　　　　J'ai fait du sport pendant 2 heures. / J'ai fait du sport de 14 h à 16 h.

- *L'imparfait* exprime **une habitude dans le passé**.
Exemple : Tous les matins, je mangeais un pain chocolat avec un verre de jus de fruits.

L'imparfait sert aussi à faire **une description**.
Exemple : Lydie était douce et gentille. Quand j'étais petit, ma chambre paraissait très grande.

- *Dans un récit au passé, on peut utiliser les deux temps.*
Exemple : Quand j'ai vu Lola (= événement ponctuel), la rue était déserte (= description).

II Le futur proche et le futur simple

Au niveau A2, vous devez pouvoir utiliser le futur proche et le futur simple pour parler de vos projets, par exemple.

A. LA FORMATION DU FUTUR PROCHE

Le futur proche se forme toujours ainsi :

Verbe ALLER conjugué au présent + INFINITIF du verbe

Exemple : je **vais aller** à la bibliothèque cet après-midi. Nous **allons travailler** dur pour réussir l'examen.

B. LA FORMATION DU FUTUR SIMPLE

Généralement, le futur se forme ainsi :

INFINITIF + TERMINAISON
-ai
Mang**er** -as
Fin**ir** + -a
Atten**dre** -ons
-ez
-ont

Exemple : je **mangerai** de la pièce montée au mariage d'Élizabeth et de Sylvain.
La fête **finira** tard ce soir.
Nous **attendrons** toute la journée pour voir le bébé.

⚠️ **Attention !!** Il s'agit de généralités. Il y a des exceptions (par exemple : courir → je **courrai**). Quand vous apprenez un nouveau verbe, vous devez chercher quelle est sa forme du futur.

Par exemple :

● **Les verbes en « -yer »** : « y » devient « i » :
Exemple : nettoyer → je **nettoierai**.
Exception : envoyer → j'**enverrai**

● **Les verbes en « -eler » et « -eter »** : la consonne finale, « l » ou « t », est doublée :
Exemple : jeter → je **jetterai**.
Exception : acheter → j'**achèterai**

● **L'infinitif des verbes du 3ᵉ groupe** qui finissent par « -e », perdent ce « -e » final :
Exemple : attendre → j'**attendrai**

● *Les verbes irréguliers* les plus courants au futur sont :
Avoir : j'**aur**ai
Être : je **ser**ai
Faire : je **fer**ai
Devoir : je **devr**ai
Pouvoir : je **pourr**ai
Vouloir : je **voudr**ai
Aller : j'**ir**ai

C. LES EMPLOIS DE CHAQUE TEMPS

● *Le futur proche* sert à exprimer :
- **une action qui va se passer dans un avenir proche.**
Exemple : Ne t'inquiète pas, je vais t'apporter ces documents.
La semaine prochaine, on va aller voir une exposition très intéressante.

- **un projet probable.**
Exemple : C'est décidé ! Je vais faire du sport.

● *Le futur simple* sert à exprimer :
- **une action à venir, un projet ou une prévision.**
Exemple : On ira rendre visite à David le mois prochain.

- **un ordre ou un règlement à suivre.**
Exemple : J'irai au marché et toi, tu feras le ménage !
Quand vous arriverez, vous m'attendrez à l'accueil.

- **une action soumise à une condition.**
Exemple : si tu finis tôt, on pourra aller au cinéma.

III. Les pronoms personnels COD et COI

Les pronoms COD (complément d'objet direct) et COI (complément d'objet indirect) sont utiles pour remplacer une partie de la phrase et éviter les répétitions. Voici la liste complète des pronoms COD et COI :

	Pronoms COD	Pronoms COI
1re personne du singulier	me (m')	
2e personne du singulier	te (t')	
3e personne du singulier	le/la	lui
1re personne du pluriel	nous	
2e personne du pluriel	vous	
3e personne du pluriel	les	leur

Exemple : Il **me** téléphone tous les matins.
Je **vous** invite à mon anniversaire.

A. LES PRONOMS COD

- Le COD est lié à un verbe sans préposition. L'objet, c'est-à-dire l'élément situé après le verbe, désigne un objet ou une personne.

Exemples : Je vois Ø **le bus**. → Je **le** vois. (masculin, singulier)
Je salue **Estelle**. → Je **la** salue. (féminin, singulier)
Je mange **la crêpe et la pomme**. → Je **les** mange. (pluriel)

- Le pronom se place devant le verbe.
Exemple : Je **la** vois souvent le mardi matin.

- Avec la négation ils sont placés entre la première négation et le verbe.
Exemple : Tu *ne* **l'**aimes *pas* beaucoup.

B. LES PRONOMS COI

- Le COI est lié à un verbe suivi de la préposition **à**. L'objet désigne une personne.

Exemples : Je parle *à* **Gérald**. → Je **lui** parle. (singulier)
Tu téléphones *à* **Louise**. → Tu **lui** téléphones. (singulier)
Vous écrivez *à* **vos amis**. → Vous **leur** écrivez. (pluriel)

IV. Les pronoms « en » et « y »

A. LE PRONOM « EN »

On emploie le pronom « en » :

Dans un contexte de quantité (pronom COD) :

- « En » remplace un nom précédé d'un article partitif : *du, de la, de l'*.
Exemple : – Voulez-vous *du* thé ?
– Oui, j'**en** veux bien. (Je veux bien quoi ? → du thé)

- Il remplace un nom précédé de l'article indéfini *un, une, des*.
Exemple : – Est-ce que vous avez *un* ordinateur portable ?
– Oui, j'**en** ai un.

À la forme affirmative ou interrogative, il faut répéter *un/une*, mais à la forme négative, on ne doit pas le répéter :
- *Non, je n'***en** *ai pas un.*

187

- Il remplace un nom précédé d'une expression de quantité (*beaucoup de, plusieurs, aucun, assez de, une boîte de*…) :
Exemple : - Est-ce que tu as vu beaucoup de films de Truffaut ?
- Oui, j'**en** ai vu **plusieurs/quelques-uns/trois**…

Avec des verbes suivis de la préposition de comme « avoir envie de », « avoir besoin de », « parler de », etc. :

- Le pronom « en » remplace un nom de chose précédé de la préposition **de**.
Exemple : Je joue **du** violon depuis trois ans, et toi, ça fait combien de temps que tu **en** joues ? (→ jouer d'un instrument)
- Il remplace un complément de lieu introduit par la préposition **de**.
Exemple : Les étudiants sont entrés dans la salle à 14h et ils **en** sont sortis à 16h. → sortir de la salle)

B. LE PRONOM « Y »

- Le pronom « y » remplace un nom de chose précédé de la préposition **à**. Il est utilisé avec des verbes suivis de la préposition **à**.
Exemple : Il aime le tennis, il **y** joue très souvent (→ jouer à quelque chose)

- Il remplace un complément de lieu introduit par **à**, *dans*, *en*, *sur*, *sous*, etc.
Exemple : - Depuis quand êtes-vous à Paris ?
- J'**y** suis depuis septembre.
Exemple : - Depuis quand travaillez-vous dans cette entreprise ?
- J'**y** travaille depuis 5 ans.

V Les pronoms relatifs « qui » et « que »

Les pronoms relatifs « qui » et « que » permettent de relier deux phrases et d'éviter la répétition d'un mot ou d'un groupe de mots.

A. LE PRONOM « QUI »

Qui est le pronom relatif sujet. Il remplace une personne, un animal ou une chose.
Exemple : Tu vois l'homme **qui** porte une veste bleue ? C'est M. Ducros, mon professeur de français.
= Tu vois l'homme. L'homme porte une veste bleue.
→ « qui » remplace « l'homme », sujet du verbe « porter ».

B. LE PRONOM « QUE »

Que est le pronom relatif complément (COD). Il remplace une personne, un animal ou une chose.
Exemple : L'homme que tu as vu n'est pas ton professeur.
= Tu as vu l'homme. L'homme n'est pas ton professeur.
→ « que » remplace « l'homme », COD du verbe « voir »)

VI Les adverbes

Les adverbes servent à raconter et exprimer vos impressions sur un événement, une expérience, etc.
Ils permettent de préciser ou modifier le sens de la phrase.
Il y a plusieurs sortes d'adverbes :

- *Adverbes de lieu* → pour vous situer dans l'espace, indiquer la situation géographique d'un lieu ou d'un objet…
Devant, derrière, dehors, dessus, dessous, ici, là, avant…
Exemple : Il faut prendre la deuxième rue à gauche, avant la Poste.

- *Adverbes de temps* → pour situer votre discours dans le temps, exprimer une durée, une fréquence…
Avant, après, hier, aujourd'hui, demain, ensuite, puis, longtemps, maintenant, parfois, souvent, jamais, tôt, tard, etc.
Voir aussi la partie sur les connecteurs logiques p. 189.

Exemple : *Avant*, je mangeais des escargots, mais *maintenant*, je n'en mange plus.
Je vais *souvent* courir dans le bois, mais *jamais* en ville.

- ***Adverbes de manière*** → pour exprimer ses impressions sur quelque chose, comparer deux éléments...
Bien, **mal**, **ainsi**, **mieux**, **pire**, **comme**, **comment**, **très**, **vite**, tous les adverbes en « -ment » comme **lentement**...
Exemple : Ta nouvelle coupe de cheveux est *très* jolie, c'est beaucoup *mieux* qu'avant.

- ***Adverbes de quantité*** → pour s'exprimer sur une quantité ou sur la qualité d'un élément, comparer deux éléments...
Trop, **peu**, **assez**, **beaucoup**, **peu**, **plus**, **moins**, **autant**, **tout**, **très**...
Exemple : j'ai *beaucoup* dormi la nuit dernière, *plus* que la nuit d'avant.

- ***Adverbes d'affirmation et de négation*** → pour exprimer son accord ou son désaccord...
Oui, **non**, **peut-être**, **si**, **vraiment**...
Exemple : *Si*, c'est vrai, j'aime *vraiment* ta nouvelle coupe de cheveux !

⚠️ Les adverbes sont toujours invariables, à l'exception de l'adverbe « tout ».

VII Les connecteurs logiques

Les connecteurs logiques, ou marqueurs de relation, permettent de marquer les différentes étapes du discours.

- ***Énumération*** : **d'abord**, **après**, **ensuite**, **enfin**

Exemple : *D'abord*, j'ai pris ma douche. *Après*, je me suis rasé. *Ensuite*, j'ai déjeuné. *Enfin*, je suis allé au travail.

- ***Opposition*** : **mais**

Exemple : J'accepte ton invitation, *mais* j'arriverai chez toi à 21h.

- ***Cause*** : **parce que**, **car**

Exemple : J'ai aimé visiter la Belgique parce *que/car* les habitants étaient très sympathiques.

- ***Addition*** : **et**, **alors**

Exemple : Appelle-moi ! *Alors* nous pourrons organiser la fête *et* choisir un cadeau pour Mathilde.

Vocabulaire

Voici une liste de mots que vous allez rencontrer au niveau A2.

I. Les loisirs

A. LES ACTIVITÉS DE DÉTENTE

Le temps libre
Les loisirs
Une activité
Une promenade
Une balade

La cuisine
Le sport
La musique
La photographie
La télévision
Internet

S'amuser
Jouer à un jeu
Jouer au football
Jouer d'un instrument

Un jeu
Un jeu de société
Un jeu de cartes
Un jeu vidéo
Un jouet

B. LES ACTIVITÉS SPORTIVES

Le sport
Jouer à
Faire du sport

Un sportif
Une équipe
Un champion
Un joueur
Un spectateur
Un terrain

Un stade
Un club de sports
S'entraîner
Un entraîneur
Courir

Le football
Le rugby
Le hockey
Le tennis

L'athlétisme
Le fitness
La danse
Danser
Le vélo

Patiner
Une patinoire
Des patins à glace
Le ski

Nager
La natation
La piscine

Un ballon
Une balle

Un maillot de bain
Une raquette

C. LES ACTIVITÉS CULTURELLES : CINÉMA, CONCERT, THÉÂTRE, MUSÉE, ETC.

L'Art
La culture
Culturel

Le cinéma
Une salle de cinéma
Le théâtre
Un musée

Une exposition
Une visite
Un concert
Un spectacle
Une pièce de théâtre
Un film
Un monument

Un artiste
Un acteur
Un chanteur

Ouvert
Fermé
Une place
Un billet
Un ticket

Un horaire
Un programme
Une information
Un renseignement

Voir
Regarder
Entendre
Écouter

D. LES ÉVÉNEMENTS : FÊTES, SOIRÉES, ETC.

Une fête
Une soirée
Un dîner
Un repas
Un apéritif

Un anniversaire
Un mariage
Une fête de départ

Faire la fête
Fêter un anniversaire
Célébrer un mariage

II. La vie quotidienne

A. LES LIEUX DE LA VILLE

Une capitale
Un quartier
Un habitant
La mairie
Une rue

Un logement
Un appartement
Une maison
Une résidence

S'installer
Déménager
Changer d'adresse

L'environnement
Les espaces verts

Une route
Un chemin
Un trottoir

Un carrefour
Un rond-point
Un passage pour piétons
Les feux de circulation

Un hébergement
Une auberge de jeunesse
Un hôtel

Un café
Une brasserie
Un restaurant
Un bar
Une discothèque

Une banque
Un commerce

B. LES MAGASINS

Un grand magasin
Une boutique
Un magasin
Faire les magasins
Faire du shopping

Un supermarché
Un hypermarché
Un marché
Faire les courses

Un client
Un achat
Acheter
Coûter
Un prix
Gratuit

Une vente
Les soldes (fém.)

La caisse
Le caissier
Un commerçant
Un marchand
Un vendeur

La boulangerie
La pâtisserie
La boucherie
La charcuterie

La poissonnerie
La librairie

Un boulanger
Un pâtissier
Un boucher
Un charcutier
Un poissonnier
Un libraire

C. LA MAISON ET LE LOGEMENT (PIÈCES DE LA MAISON)

La salle à manger
La cuisine
Une table
Une chaise

Une chambre
Un lit
Une armoire
Un placard
Un réveil

La salle de bain
Des toilettes (fém.)
Prendre une douche
Prendre un bain
Se laver

Le bureau (pièce)
Un bureau (meuble)

Le chauffage
L'éclairage (masc.)
Allumer ≠ éteindre

D. LE TRAVAIL

Une profession
Professionnel
Un travail
Un métier
Un emploi
Un contrat
Les études (fém.)
Un stage
Le responsable
Le chef
Le patron

Le directeur
L'employé
Le vendeur
Le secrétaire
Le médecin
Le docteur
Le professeur
Le policier
Le mécanicien
Le plombier

Travailler
Étudier
Être + nom de métier

Une entreprise
Une société
Un bureau
Une usine
Un magasin

Payer
Bien/mal payé

Le salaire
Signer (un contrat)

Chercher/trouver un emploi
Trouver du travail
Une petite annonce

Les horaires de travail
Les vacances
Une pause
La grève

III Les goûts, le caractère et les sentiments

Aimer
Adorer
Détester
Préférer

Le caractère
Agréable
Calme

Courageux
Drôle
Amusant
Sérieux
Timide
Simple
Sympa
Super

Un sentiment
L'amour (masc.)
Le courage
La colère
La joie
La tristesse
La peur
La surprise

Être en colère
Avoir peur
Être surpris
Content
Joyeux
Heureux
Triste

Pour plus d'informations sur le lexique, voir :

- Le *Référentiel Niveau A2 pour le français*, Conseil de l'Europe, Division des politiques linguistiques de Strasbourg, Jean-Claude Beacco, Sylvie Lepage, Rémi Porquier, Patrick Riba, éditions Didier, 2008.

- Le *Référentiel de l'Alliance Française pour le Cadre Européen Commun (niveaux A1 – A2 – B1 – B2 – C1 – C2)*, Anne Chauvet, CLE International, 2008.

Crédits photographiques :

- p. 11 : © Thomas Pajot - Fotolia.com
- p. 14 : © Yuri Bizgaimer - Fotolia.com ; © karnizz - Fotolia.com ; © dade72 - Fotolia.com ; © Aygul Bulté - Fotolia.com ; © apops - Fotolia.com ; © Jackin - Fotolia.com
- p. 28 : © Maksym Yemelyanov - Fotolia.com ; © robertkoczera - Fotolia.com ; © bbbastien - Fotolia.com
- p. 30 : © Alain Besancon - Fotolia.com ; © Jackin - Fotolia.com
- p. 31 : © dade72 - Fotolia.com ; © jllh - Fotolia.com ; © helenedevun - Fotolia.com
- p. 32 : © fabian Lobet - Fotolia.com ; © Ignatius Wooster - Fotolia.com ; © Kamiya Ichiro - Fotolia.com ; © Nitr - Fotolia.com ; © Brad Pict - Fotolia.com ; © Benjamin Lefèbvre - Fotolia.com
- p. 33 : © yanlev - Fotolia.com ; © lunamarina - Fotolia.com ; © cristovao31 - Fotolia.com
- p. 35 : © andrzej2012 - Fotolia.com ; © macumazahn - Fotolia.com ; © Delphimages - Fotolia.com
- p. 36 : © Sandra Cunningham - Fotolia.com ; © Alenavlad - Fotolia.com ; © alinamd - Fotolia.com
- p. 57 : © Joe Gough - Fotolia.com ; © karelnoppe - Fotolia.com ; © Francesco83 - Fotolia.com ; © unpict - Fotolia.com ; © ExQuisine - Fotolia.com
- p. 74 : © Neo Edmund - Fotolia.com ; © oliver0212 - Fotolia.com
- p. 75 : © Syda Productions - Fotolia.com ; © Karramba Production - Fotolia.com ; © Eléonore H - Fotolia.com ; © Smileus - Fotolia.com
- p. 76 : © Alexandr Mitiuc - Fotolia.com ; © goodluz - Fotolia.com
- p. 77 : © tanusechka - Fotolia.com
- p. 78 : © Albachiaraa - Fotolia.com ; © yanlev - Fotolia.com ; © Matthew Cole - Fotolia.com
- p. 80 : © Alain Wacquier - Fotolia.com
- p. 82 : © delkoo - Fotolia.com ; © Alex Tihonov - Fotolia.com ; © Aleksandr Bedrin - Fotolia.com
- p. 83 : © fotomatrix - Fotolia.com ; © illustrez-vous - Fotolia.com ; © alain wacquier - Fotolia.com ; © WimL - Fotolia.com ; © Africa Studio - Fotolia.com ; © bakerjim - Fotolia.com
- p. 84 : © karelnoppe - Fotolia.com
- p. 87 : © Pixel & Création - Fotolia.com
- p. 91 : © iofoto - Fotolia.com ; © bendzhik - Fotolia.com ; © Olympixel - Fotolia.com
- p. 94 : © aerokart
- p. 109 : © Horváth Botond - Fotolia.com ; © Ina van Hateren - Fotolia.com ; © Brad Pict - Fotolia.com ; © M.studio - Fotolia.com
- p. 110 : © sarsmis - Fotolia.com
- p. 113 : © Ivan Kruk - Fotolia.com
- p. 114 : © Konstantin Yuganov - Fotolia.com
- p. 115 : © Fête de la musique
- p. 116 : © pressmaster - Fotolia.com
- p. 119 : © Bank-Bank - Fotolia.com
- p. 123 : © Mari79 - Fotolia.com
- p. 154 : © M.studio - Fotolia.com ; © Anna Kucherova - Fotolia.com ; © M.studio - Fotolia.com
- p. 155 : auteurs
- p. 155 : © vax - Fotolia.com ; © Warren Goldswain - Fotolia.com ; © Warren Goldswain - Fotolia.com
- p. 156 : © ecco - Fotolia.com ; © grgroup - Fotolia.com ; © Elnur - Fotolia.com
- p. 158 : © Maksym Yemelyanov - Fotolia.com ; © bbbastien - Fotolia.com ; © Aleksandr Bedrin - Fotolia.com
- p. 163 : © deviantART - Fotolia.com
- p. 166 : © Francofolies ; © Francos gourmandes
- p. 167 : © Maksym Yemelyanov - Fotolia.com ; © James Phelps JR - Fotolia.com ; © i3alda - Fotolia.com
- p. 168 : © Jakob Radlgruber - Fotolia.com ; © CNL IMAGE 360° - Fotolia.com ; © Prod. Numérik - Fotolia.com
- p. 176 : © Odua Images - Fotolia.com ; © pioneer - Fotolia.com ; © viperagp - Fotolia.com
- p. 181 : © Caleb Foster - Fotolia.com

N° : 10228640 - Dépôt légal : juin 2013
Achevé d'imprimer en Italie par Bona en Août 2016
Le papier de cet ouvrage est composé de fibres naturelles, renouvelables, fabriquées à partir de bois provenant de forêts gérées de manière responsable.